ସାହିତ୍ୟ ଅକାଦେମୀ ପୁରସ୍କାର ପ୍ରାପ୍ତ ହିନ୍ଦୀ କବିତା ସଂକଳନ

ଲୋକମାନେ ଭୁଲିଗଲେଣି

ସାହିତ୍ୟ ଅକାଦେମୀ ପୁରସ୍କାର ପ୍ରାପ୍ତ ହିନ୍ଦୀ କବିତା ସଂକଳନ

ଲୋକମାନେ ଭୁଲିଗଲେଣି

ହିନ୍ଦୀ

ରଘୁବୀର ସହାୟ

ଅନୁବାଦ

ମନୋରଂଜନ ପଟ୍ଟନାୟକ

ବ୍ଲାକ୍ ଇଗଲ୍ ବୁକ୍ସ

ଭୁବନେଶ୍ୱର, ଓଡ଼ିଶା

BLACK EAGLE BOOKS
Dublin, USA

ଲୋକମାନେ ଭୁଲିଗଲେଣି / ହିନ୍ଦୀ-ରଘୁବୀର ସହାୟ

ଅନୁବାଦ-ମନୋରଂଜନ ପଟ୍ଟନାୟକ

ବ୍ଲାକ୍ ଇଗଲ୍ ବୁକ୍ସ : ଭୁବନେଶ୍ୱର, ଓଡ଼ିଶା • ଡବଲିନ୍, ଯୁକ୍ତରାଷ୍ଟ୍ର ଆମେରିକା

BLACK EAGLE BOOKS

USA address:
7464 Wisdom Lane
Dublin, OH 43016

India address:
E/312, Trident Galaxy, Kalinga Nagar,
Bhubaneswar-751003, Odisha, India

E-mail: info@blackeaglebooks.org
Website: www.blackeaglebooks.org

First International Edition Published by
BLACK EAGLE BOOKS, 2024

LOKAMANE BHULIGALENI
by **Raghubir Sahaya**
Translated by **Manoranjan Patnaik**

Original Copyright © **Raghubir Sahaya**
Translation Copyright © **Manoranjan Patnaik**

All rights reserved. No part of this publication may be reproduced, stored in a retrieval system, or transmitted, in any form or by any means, electronic, mechanical, photocopying, recording or otherwise without the prior permission of the publisher.

Cover & Interior Design: Ezy's Publication

ISBN- 978-1-64560-609-3 (Paperback)

Printed in the United States of America

ବାପା, ବୋଉଙ୍କ ସ୍ମୃତିରେ ଉତ୍ସର୍ଗୀକୃତ

- ବାବୁନି

ଭୂମିକା

ହିନ୍ଦୀର ପ୍ରସିଦ୍ଧ କବି ରଘୁବୀର ସହାୟ (୯ ଡିସେମ୍ବର ୧୯୨୯-୩୦ ଡିସେମ୍ବର ୧୯୯୦) ଉତ୍ତର ପ୍ରଦେଶର ଲକ୍ଷ୍ନୌ ସହରରେ ଜନ୍ମ ଗ୍ରହଣ କରିଥିଲେ। ୧୭ବର୍ଷ ବୟସରୁ ସିଏ କବିତା ଲେଖିବା ଆରମ୍ଭ କରିଥିଲେ। ସିଏ ୧୯୫୧ ମସିହାରେ ଲକ୍ଷ୍ନୌ ବିଶ୍ୱବିଦ୍ୟାଳୟରୁ ଇଂରେଜୀରେ ଏମ୍.ଏ. ଉପାଧି ପ୍ରାପ୍ତ କରିଥିଲେ। କିନ୍ତୁ ତା ପୂର୍ବରୁ ୧୯୪୯ ମସିହାରେ ସିଏ ପତ୍ରକାରିତା ଆରମ୍ଭ କରନ୍ତି। ୧୯୫୧ ମସିହାରେ ସିଏ ଦିଲ୍ଲୀକୁ ଚାଲିଆସନ୍ତି ଆଉ ଗୋଟିଏ ବର୍ଷ ପାଇଁ 'ପ୍ରତୀକ'ରେ ସହ ସଂପାଦକ ଭାବରେ କାର୍ଯ୍ୟ କରନ୍ତି।

ରଘୁବୀର ସହାୟ: ଚେତନାରେ ପତ୍ରକାର ଏବଂ ସଂବେଦନାରେ ଥିଲେ ଜଣେ କବି। ସିଏ ଥିଲେ ନୂଆ କବିତାର ପ୍ରଖର ସ୍ୱର। ସିଏ ଆକାଶବାଣୀ, ନବଭାରତ ଟାଇମ୍ସ, ଦିନମାନ, ପ୍ରତୀକ, କଳ୍ପନା, ବାକ୍ ଆଦି ପତ୍ର-ପତ୍ରିକାଗୁଡ଼ିକ ସହିତ ପତ୍ରକାରିତା, ସାହିତ୍ୟିକ ପତ୍ରକାରିତା ଏବଂ ସଂପାଦନରେ ସମ୍ବନ୍ଧିତ ଥିଲେ।

କବିତାରେ ତାଙ୍କର ପ୍ରବେଶ 'ଦ୍ୱିତୀୟ ସପ୍ତକ' (ଦୂସରା ସପ୍ତକ) ସହିତ ହେଲା। ସଚ୍ଚିଦାନନ୍ଦ ହୀରାନନ୍ଦ ବସ୍ତାୟନ 'ଅଜ୍ଞେୟ' ରଘୁବୀର ସହାୟଙ୍କର କବିତାଗୁଡ଼ିକୁ 'ଦ୍ୱିତୀୟ ସପ୍ତକ' (ଦୂସରା ସପ୍ତକ)ରେ ସଂକଳିତ କରିଥିଲେ। ସେଗୁଡ଼ିକ 'ଦ୍ୱିତୀୟ ସପ୍ତକ' (ଦୂସରା ସପ୍ତକ)ରେ ୧୯୫୧ ମସିହାରେ ଛପା ଯାଇଥିଲା। 'ଦ୍ୱିତୀୟ ସପ୍ତକ' (ଦୂସରା ସପ୍ତକ)ରେ ଛପାହେବାମାନେ ହେଲା କବି ରୂପରେ ପ୍ରତିଷ୍ଠିତ ହେବା। ରଘୁବୀର ୧୯୪୬ ମସିହା ପାଖାପାଖି କବିତା ଲେଖିବା ଆରମ୍ଭ କରନ୍ତି। ତାଙ୍କର ପ୍ରଥମ କବିତା ସଂଗ୍ରହ ୧୯୫୧ ମସିହାରେ ପ୍ରକାଶ ପାଇଥିଲା।

ସିଏ ସମକାଳୀନ ହିନ୍ଦୀ କବିତାର ସଂବେଦନଶୀଳ 'ନାଗର' ଚେହେରା ବୋଲି କୁହାଯାନ୍ତି। ତାଙ୍କର ସୌନ୍ଦର୍ଯ୍ୟଶାସ୍ତ୍ର ଖବରଗୁଡ଼ିକର ସୌନ୍ଦର୍ଯ୍ୟଶାସ୍ତ୍ର। ତାଙ୍କ ଭାଷା ଖବରର ଭାଷା ଆଉ ତାଙ୍କର ଅଧିକାଂଶ କବିତାଗୁଡ଼ିକର ବିଷୟବସ୍ତୁ ଖବରଧର୍ମୀ।

ଏଥିରେ ବକ୍ତବ୍ୟ ଅଛି, ବିବରଣ ଅଛି, ସଂକ୍ଷେପ-ସାର ଅଛି। ଏଥିରେ ପ୍ରତୀକ ଓ ବିମ୍ବର ଝଂଝଟ ନାହିଁ। ଖବରରେ ଘଟଣା ଆଉ ପାଠକଙ୍କ ଭିତରେ ଭାଷା ଯେତେ ପାରଦର୍ଶୀ ହେବ, ଖବରର ସଂପ୍ରେଷଣୀୟତା ସେତିକି ବଢ଼ିବ। ସିଏ ଏଇଥିପାଇଁ କବିତାରେ ଗୋଟଇଏ ପାରଦର୍ଶୀ ଭାଷାକୁ ନେଇକରି ଆସିଛନ୍ତି। ସିଏ ନିଜ କବିତାଗୁଡ଼ିକର ମୂଳକୁ ସମକାଳୀନ ଯଥାର୍ଥରେ ରଖନ୍ତି, ଯେମିତି ସିଏ 'ଦ୍ୱିତୀୟ ସପ୍ତକ' (ଦୂସରା ସପ୍ତକ)ରେ ନିଜ ବକ୍ତବ୍ୟରେ କହନ୍ତି ଯେ "ବିଚାରବସ୍ତୁର କବିତାରେ ରକ୍ତ ପରି ଦୌଡ଼ିବା କବିତାକୁ ଜୀବନ ଓ ଶକ୍ତି ଦେଇଥାଏ, ଆଉ ଏହା ସେତେବେଳେ ସମ୍ଭବ ଯେତେବେଳେ ଆମ କବିତାର ମୂଳ ଯଥାର୍ଥ ହୋଇଥାଏ।" ଏହି ଯଥାର୍ଥର ବିବିଧ ପରିଣାମର ଅନୁସରଣରେ ତାଙ୍କ କବିତାଗୁଡ଼ିକ ବହୁ ପରିଣାମୀ ହୋଇଥାଏ ଆଉ ସେଗୁଡ଼ିକର ପ୍ରାସଙ୍ଗିକତା କେବେ ବି କମ୍ ହୁଏନି। ସିଏ ସଡ଼କ, ଛକ, ଅଫିସ୍, ଖବରକାଗଜ, ସଂସଦ, ବସ୍, ରେଳ ଓ ବଜାରର ବେଦାଗ ଭାଷାରେ କବିତାଗୁଡ଼ିକ ଲେଖିଛନ୍ତି। ପ୍ରତିଦିନର ଖବରଗୁଡ଼ିକ ତାଙ୍କ କବିତାଗୁଡ଼ିକ ଓହ୍ଲାଇ ଆସି ଚାଞ୍ଚଲ୍ୟକର ରିପୋର୍ଟ ହୋଇ ରହିଯାଏନି, ଆତ୍ମ-ଅନ୍ୱେଷଣର ମାଧ୍ୟମ ହୋଇଯାଏ।

କବିତା ବ୍ୟତୀତ ସିଏ ଗଳ୍ପ, ପ୍ରବନ୍ଧ ଓ ଅନୁବାଦରେ ବିଶେଷ ଯୋଗଦାନ ଦେଇଛନ୍ତି। ତାଙ୍କର ପତ୍ରକାରିତା ଉପରେ ଅଲଗା କରି କଥା କହିବାର ଚଳନ ବଢ଼ିଛି।

ତାଙ୍କର ରଚନା କାର୍ଯ୍ୟ ୧୯୪୬ ମସିହାରୁ ହିଁ ଆରମ୍ଭ ହୋଇ ସାରିଥିଲା। ୧୯୪୯ ମସିହାରେ ସିଏ "ଦୈନିକ ନବଜୀବନ" ରେ ଯୋଗ ଦେଇଥିଲେ। ୧୯୫୧ ମସିହା ଯାଏଁ ସିଏ ଏହି ଦୈନିକ ସମାଚାର ପତ୍ରର ସଂପାଦକ ତଥା ସଂସ୍କୃତି ସଂବାଦଦାତା ରୂପରେ କାର୍ଯ୍ୟରତ ଥିଲେ। କିନ୍ତୁ ସେହି ବର୍ଷ ସିଏ ଦିଲ୍ଲୀ ଚାଲିଗଲେ 'ପ୍ରତୀକ' ପତ୍ରିକାର ସହ ସଂପାଦକ ହୋଇ। ୧୯୫୩ ରୁ ୧୯୫୭ ମସିହା ପର୍ଯ୍ୟନ୍ତ ସିଏ 'ଆକାଶବାଣୀ'ରେ କାମ କଲେ। ପରେ ସିଏ 'କଳ୍ପନା' ପତ୍ରିକାର ସଂପାଦକ ମଣ୍ଡଳୀର ସଦସ୍ୟ ହେଲେ। କିନ୍ତୁ ୧୯୬୧ ମସିହାରେ ସିଏ ପୁନର୍ବାର 'ଆକାଶବାଣୀ'କୁ ନିଜ ସେବା ଦେଲେ। ତାପରେ ୧୯୬୭ ମସିହାରେ ସିଏ 'ଦିନମାନ' ସାହିତ୍ୟ ପତ୍ରିକା ସହିତ ଜଡ଼ିତ ହେଲେ। ୧୯୮୨ ମସିହାଯାଏଁ ଏହାର ପ୍ରଧାନ ସଂପାଦକ ରହିଲେ, କିନ୍ତୁ ପରେ ସ୍ୱତନ୍ତ୍ରଭାବରେ ଲେଖାଲେଖି କରିବାକୁ ଲାଗିଲେ।

ତାଙ୍କର ରଚନାଗୁଡ଼ିକ ହେଲା- 'ଦ୍ୱିତୀୟ ସପ୍ତକ' (ଦୂସରା ସପ୍ତକ) (୧୯୫୧), 'ସିଢ଼ି ଉପରେ ଖରାରେ' (ସୀଢ଼ିୟୋଁ ପର ଧୂପ ମେଁ), (୧୯୬୦), 'ଆତ୍ମହତ୍ୟାର ବିରୁଦ୍ଧ' (ଆତ୍ମହତ୍ୟା କେ ବିରୁଦ୍ଧ) (୧୯୬୭), 'ହସ, ହସ ଜଲ୍‌ଦି ହସ' (ହଁସୋ, ହଁସୋ ଜଲ୍‌ଦୀ ହଁସୋ) (୧୯୭୫), 'ଲୋକମାନେ ଭୁଲିଗଲେଣି'

(ଲୋଗ ଭୁଲ ଗୟେ ହେଁ) (୧୯୮୨), 'କିଛି ପତ୍ର କିଛି ପିମ୍ପୁଡ଼ି' (କୁଛ ପତ୍ତେ କୁଛ ଚୀଟିୟାଂ) (୧୯୮୯), 'ଗୋଟିଏ ସମୟ ଥିଲା' (ଏକ ସମୟ ଥା) (୧୯୯୪) ତାଙ୍କର ପ୍ରମୁଖ କାବ୍ୟ-ସଂକଳନ। 'ରାସ୍ତା ଯାଉଛି ଏଇ ଆଡ଼ ଦେଇ' (ରାସ୍ତା ଇଧର ସେ ହୈ) (୧୯୭୨) ଆଉ 'ଯେଉଁ ମଣିଷ ଆମେ ତିଆରି କରୁଛେ' (ଜୋ ଆଦମୀ ହମ ବନା ରହେ ହେଁ) ୧୯୮୩) ସଂଗ୍ରହଗୁଡ଼ିକରେ ତାଙ୍କ ଗଳ୍ପ ସଂକଳିତ। 'ଦିଲ୍ଲୀ ମୋର ବିଦେଶ' (ଦିଲ୍ଲୀ ମେରା ପରଦେଶ) (୧୯୭୬), 'ଲେଖିବାର କାରଣ' (ଲିଖନେ କା କାରଣ) (୧୯୭୮), 'ଭଉଁରୀ ଲହରୀ ଆଉ ତରଙ୍ଗ' (ଭଓଁର ଲହରେ ଔର ତରଙ୍ଗ) (୧୯୮୩) ତାଙ୍କର ପ୍ରବନ୍ଧ ସଂଗ୍ରହ। ରଘୁବୀର ସହାୟଙ୍କର ରଚନାବଳୀ (୨୦୦୦)ର ଛଅଖଣ୍ଡରେ ତାଙ୍କର ସବୁ କୃତିଗୁଡ଼ିକ ସଂକଳିତ କରାଯାଇଛି।

ରଘୁବୀର ସହାୟ ଆଧୁନିକ ହିନ୍ଦୀ କବିତାର ପ୍ରତିନିଧି କବିମାନଙ୍କ ମଧ୍ୟରୁ ଜଣେ ବୋଲି ମନେ କରାଯାନ୍ତି, ଯିଏ ପ୍ରଗତିଶୀଳ କାବ୍ୟଧାରାରେ 'ନୂଆ କବିତାକୁ' ଗୋଟିଏ ନୂଆ ପରିଣାମ ଦେଇଛନ୍ତି। ତାଙ୍କ କବିତାଗୁଡ଼ିକରେ ସିଏ ଦୁଃଖ-ଦର୍ଦ୍ଦ ଓ ପୀଡ଼ାରେ ଛଟପଟ ହେଉଥିବା ପରିଷ୍କାର ଭାବରେ ଦେଖାଯାଉଛି।

୧୯୮୮-୧୯୯୦ ମସିହା ଭିତରେ ସିଏ ଲାଲକୃଷ୍ଣ ଆଡ଼ୱାନିଙ୍କ ରଥଯାତ୍ରା ବିଷୟରେ ପ୍ରେସ୍‌ର ଭୂମିକାରେ ବିଶ୍ଳେଷଣ କରିବାପାଇଁ ଭାରତୀୟ ପ୍ରେସ୍ ପରିଷଦର ଗୋଟିଏ ସମିତିର ଅଧ୍ୟକ୍ଷତା କରିଥିଲେ।

୧୯୮୨ ମସିହାରେ ପ୍ରକାଶ ପାଇଥିବା ତାଙ୍କର କବିତା ସଂକଳନ 'ଲୋକମାନେ ଭୁଲି ଗଲେଣି' (ଲୋଗ ଭୁଲ ଗୟେ ହେଁ) ପାଇଁ ୧୯୮୪ ମସିହାରେ 'ସାହିତ୍ୟ ଅକାଦେମୀ ପୁରସ୍କାର'ରେ ଭୂଷିତ ହୋଇଥିଲେ। ତାହା ବ୍ୟତୀତ ଆଧୁନିକ ହିନ୍ଦୀ ସାହିତ୍ୟରେ ନିଜର ବିଶେଷ ଯୋଗଦାନ ପାଇଁ ତାଙ୍କୁ 'ଆଚାର୍ଯ୍ୟ ନରେନ୍ଦ୍ରଦେବ ସମ୍ମାନ ଏବଂ 'ରାଜେନ୍ଦ୍ର ପ୍ରସାଦ ଶିଖର ସମ୍ମାନ'ରେ ସମ୍ମାନିତ କରାଯାଇଛି। ୩୦ ଡିସେମ୍ବର ୧୯୯୦ ମସିହାରେ ତାଙ୍କର ନିଧନ ହେଲା।

ତାଙ୍କର ସାହିତ୍ୟ ଅକାଦେମୀ ପୁରସ୍କାର ପ୍ରାପ୍ତ କବିତା ସଂକଳନ 'ଲୋଗ ଭୁଲ୍ ଗୟେ ହେଁ' ର ଓଡ଼ିଆ ଅନୁବାଦ 'ଲୋକମାନେ ଭୁଲିଗଲେଣି' ମୋ ଦ୍ୱାରା ଅନୂଦିତ ହୋଇ ପ୍ରକାଶ ପାଉଛି। ଓଡ଼ିଶାର ସୁଧୀ ପାଠକ ମହଲରେ ଏହା ଆଦୃତ ହେବ ବୋଲି ଆଶା ଓ ବିଶ୍ୱାସ।

ଅନୁବାଦକ

ନିବେଦନ

ଏହି ସଂଗ୍ରହର ରଚନାଗୁଡ଼ିକ ମୋର କାବ୍ୟ-ଜୀବନର ଯେଉଁ ସମୟରେ ଲେଖାଯାଇଛି ତାହା ଏବେ ନିକଟରେ ଆରମ୍ଭ ହେଲା ଆଉ ଏଯାଏଁ ସରିନି; ଦେଖାଯାଉଛି ଯେ ତାହା ଏବେ ବି ଚାଲିବ। ନଈ ମଝିର ସ୍ରୋତକୁ କହନ୍ତୁ ଅଥବା ଭଉଁରି ମଧ୍ୟରୁ କହନ୍ତୁ, ଲେଖାଯାଇଥିବା କବିତା ପ୍ରକାଶ କରିବାର ଏହା ମୋର ପ୍ରଥମ ଅବସର। ଏହା ପୂର୍ବରୁ 'ଆତ୍ମହତ୍ୟାର ବିରୁଦ୍ଧ' ଏବଂ 'ହସ, ହସ ଜଲ୍‌ଦି ହସ' ଦୁଇଟିଯାକ ଗୋଟିଏ-ଗୋଟିଏ ନିଷ୍ପତ୍ତିର ସୂଚକ ଥିଲା। ତା ଆଗରୁ 'ସିଡ଼ିଗୁଡ଼ିକ ଉପରେ ଖରାରେ' କବିତାର ଗୋଟିଏରୁ ଅଧିକ ଆଶ୍ରୟସ୍ଥଳୀଯାଏଁ ପର୍ଯ୍ୟବେକ୍ଷଣ କରି ନେଇଥିବା ଉପଲବ୍ଧିଗୁଡ଼ିକର ସଂଚୟନ ଥିଲା। ତା'ଆଗରୁ ବି 'ଦ୍ୱିତୀୟ ସପ୍ତକ'ରେ ସଂକଳିତ ରଚନାଗୁଡ଼ିକ ଅତ୍ୟନ୍ତ ପ୍ରାଥମିକ ସ୍ତରର କବିତାଗୁଡ଼ିକର ଅଭ୍ୟାସମୂଳକ ସ୍ଥିତିରୁ ବାହାରି ନିଜ ଦୁନିଆରେ ପାଦ ରଖିବା ସମୟର କବିତା ଥିଲା। ନିସଂଶୟ ଯେମିତି ହସ, ହସ ଜଲ୍‌ଦି ହସ'ରେ ହୋଇଥିଲା, ପ୍ରତ୍ୟେକ ସଂଗ୍ରହରେ କିଛି ରଚନା କୌଣସି ଗୋଟିଏ ଦିଗରେ ଯିବାର ପ୍ରସ୍ତୁତି କରି ସେହି ରାସ୍ତା ଛାଡ଼ିଦେବାର ନିଦର୍ଶନ ଥିଲା, ତେବେ ଭବିଷ୍ୟତରେ ସେହି ରାସ୍ତାକୁ ମଧ୍ୟ ଧରିବାର ପରିଚୟ ଥିଲା।

ନିଜ କବିତାର ବର୍ତ୍ତମାନର ପରିପ୍ରେକ୍ଷୀରୁ ଥରେ ବାହାରକୁ ଆସି ନିଜର ଅପୂର୍ଣ୍ଣତାକୁ ପାଠକମାନଙ୍କୁ ଦେଖାଇବା ପଛରେ ସମାଜର ବର୍ତ୍ତମାନ ସ୍ଥିତିର ଗୋଟିଏ ପ୍ରଭାବ ଅଛି ଯାହା କବି ଉପରେ ପଡୁଛି। ନିଜକୁ ପୂର୍ଣ୍ଣ କରିବା ନିଜର ଅପୂର୍ଣ୍ଣତାକୁ ସମାଜ ଆଗରେ ପରୀକ୍ଷା ଓ ନିରୀକ୍ଷା କରିବା ପାଇଁ ନ ଆଣି ସମ୍ଭବ ହୋଇ ରହିନି। ଏମିତି ନ କଲେ ମୋତେ ଦୁଇଟି ବଡ଼ ବିପଦ ଠିଆ ହୋଇଥିବାର ଦେଖାଯାଉଛି ଯାହା ବାସ୍ତବରେ ଗୋଟିଏର ଦୁଇଟି ରୂପ: କବି କେବେ କ୍ରାନ୍ତିର ପୂଜାରୀ ଏବଂ ଦ୍ରଷ୍ଟା ଏକାସାଙ୍ଗରେ ହୋଇ ଦେଖାଇବାରେ ନିଜ କର୍ତ୍ତବ୍ୟରୁ ପଳାୟନ କରିବାର ରାସ୍ତା ନ କାଢୁ, କିମ୍ବା କେଉଁଠି ଆତ୍ମଦୟାର ଆତ୍ମପୀଡ଼କ ଭାବରେ ଲିପ୍ତ ହୋଇକରି ଲୋକମାନଙ୍କ

ପାଖରୁ ସେମିତି ସହାନୁଭୂତି ନ ମାଗୁ ଯାହା କେବଳ ଲୋକମାନଙ୍କର ରୋଗାତ୍ମକ ଶକ୍ତିର ଶୋଷଣ କରିବନି ବରଂ ସେମାନଙ୍କୁ ନିଜର ବେଦନା ଚିହ୍ନିବା ପାଇଁ ବିଭ୍ରାନ୍ତ ବି କରିବ। ଯେଉଁ ଏକ ବିପଦ ରୂପରେ ଏହି ଦୁଇଟି ଅଛନ୍ତି ତାହା ଅହଂଭାବର ବିପଦ।

ଅହଂ ଭାବକୁ ପୂର୍ବର ଆଲୋଚକମାନେ ହୁଏତ ସମ୍ପୂର୍ଣ୍ଣ ଭାବରେ ଚିହ୍ନି ନ ଥିଲେ। ଯେଉଁ କବିଙ୍କୁ ସେମାନେ ନିଜ ବିଷୟରେ ଏମିତି କିଛି କହିବାର ପାଇଲେ ଯାହା ବାହ୍ୟ ସ୍ତରରେ ଅନ୍ୟମାନଙ୍କ ବିଷୟରେ ନୁହେଁ, ତାକୁ ଅହଂବାଦୀ କହି ଧିକ୍କାର କଲେ। ବାସ୍ତବରେ ଅହଂ ଖୋଲାଭାବରେ ଜନସାଧାରଣଙ୍କ ବିଷୟରେ ଲେଖିବାର ଅହଂକାର କରୁଥିବା କବିମାନଙ୍କ ଭିତରେ ବି ହୋଇପାରେ, ଏହା ଆଜି ହିଁ ପ୍ରକଟ ହୋଇ ଦେଖାଯାଉଛି। ରାଜନୀତି ପରି ସେମିତି କବିତାରେ ବି ଜନତାଙ୍କ ସହ ଆଇନଗତ ସମ୍ପର୍କ ରହିଛି, ହେଲେ ଗୋଟିଏ ମାନବିକ ସମ୍ପର୍କ ରହି ଯାଇନି। ଏଥିରେ କବି ବି ରାଜନୀତିଜ୍ଞଙ୍କ ପରି ଆତ୍ମରହିତ ହେଉଛନ୍ତି।

ଏହି ସମୟର କବିକୁ ନିଜ ପରୀକ୍ଷା ପାଇଁ ସମାଜର ଆଗକୁ ଆସିବା, ବିଶେଷ ରୂପରେ ସେବେ, ଯେତେବେଳେ ତାକୁ ସମାଜରେ ନିଜ ଅସ୍ତିତ୍ୱକୁ ଅର୍ଥାତ୍ ସମାଜ ସହିତ ନିଜର ସମ୍ପର୍କକୁ ଜାଣିବାର ସଂଶୟ ହେଉଛି, ତାକୁ ଅହଂର ରଚନାବିରୋଧି ବିପଦରୁ ରକ୍ଷା କରିବ। ତା'ର ରଚନା କ'ଣ ପ୍ରକୃତରେ କେଉଁଠି ମିଛ ବିଶ୍ୱାସଗୁଡ଼ିକୁ ମିଛ ବୋଲି କହୁଛି ? ଆଉ ଯେଉଁ ନୂଆ ବିଶ୍ୱାସ ଦେଉଛି ତାହା ଲୋକମାନଙ୍କ ମନରେ କ'ଣ ସ୍ୱୟଂ ତା'ର ଗୋଟିଏ ନୂତନ ପରିଚୟ ସୃଷ୍ଟି କରୁଛି ? ଲୋକମାନେ କବିର ରଚନାରେ କ'ଣ ସେହି ନୂଆ ବିଶ୍ୱାସକୁ ଚିହ୍ନି କରି ଦେଖିପାରୁଛନ୍ତି ଯେ ନିଶ୍ଚିତ ଭାବରେ ଏହି କବିତା ତାଙ୍କୁ ଜଣାଉଛି ସେମାନଙ୍କ ଭିତରେ ନୂଆ କ'ଣ ଅଛି ? ପାଠକର ପୁନର୍ଜୀବନ କରିବାର ଆଦେଶ ବା ଉପଦେଶ ଦେଉଥିବା 'ଅହଂ'ର ବିସର୍ଜନ କରିଦେଇ ହିଁ ପାଠକଙ୍କୁ ପୁନର୍ଜୀବିତ କରିବା ସମ୍ଭବ ଏବଂ ଏହାର ପରୀକ୍ଷା ପାଇଁ କବିକୁ ବାରମ୍ବାର ନିଜର କବିତାଗୁଡ଼ିକୁ ପ୍ରକାଶ କରିବାକୁ ହୋଇଥାଏ। ଆଜି ଅନ୍ୟାୟ ଓ ଦାସତ୍ୱର ପୃଷ୍ଠପୋଷକ ଆଉ ସମର୍ଥକ ବ୍ୟକ୍ତିମାନେ ମାନବୀୟ ସମ୍ପର୍କକୁ ନଷ୍ଟ କରିବାର ପ୍ରକ୍ରିୟାରେ ସେହି ସ୍ଥିତି ସୃଷ୍ଟି କରି ଦେଇଛନ୍ତି ଯେ ନିଜ ଅଧିକାର ପାଇଁ ସଂଘର୍ଷ କରୁଥିବା ଲୋକମାନେ ମାନବୀୟ ଅଧିକାରର ନିଜର ପ୍ରତ୍ୟେକ ଲଢ଼ାଇକୁ ଏକ ପରାଜୟରେ ପରିଣତ ହେବାର ଦେଖୁଛନ୍ତି। ସଂଘର୍ଷର ରଣନୀତିଗୁଡ଼ିକ ତାଙ୍କର ସବୁ ଆଦର୍ଶକୁ ପୂର୍ତ୍ତି କରୁଥିବା ଦେଖାଯାଉଛି ଯାହା ବିରୁଦ୍ଧରେ ସଂଘର୍ଷ ହେଉଛି, କାହିଁକି ନା ସଂଘର୍ଷର ଆଧାର ନୂଆ ମାନବୀୟ ସମ୍ପର୍କର ଅନ୍ୱେଷଣ ହୋଇ ରହିଯାଇନି।

ନ୍ୟାୟ ଓ ସମାନତା ପାଇଁ ଆମେ ଯେଉଁ ସମାଜର କଳ୍ପନା କରୁଛୁ ସେଥିରେ ମାନବୀୟ ସମ୍ପର୍କରେ ରୂପରେଖା କ'ଣ ହେବ ଏହା ସେହି ସମାଜ ପାଇଁ ସଂଘର୍ଷ ଭିତରେ ହିଁ ସ୍ଥିର ହେବା ଉଚିତ୍।

କବି ଏହି ସଂଘର୍ଷରେ ବାରମ୍ବାର ମାନବୀୟ ସମ୍ପର୍କର ଅନ୍ୱେଷଣ କରିବ ଏବଂ ତାହାକୁ ପରୀକ୍ଷା କରିବ, ସୁଧାରିବ ଓ ପ୍ରସାରିତ କରିବ। ଏହି ସମ୍ପର୍କ ହୃଦୟର ପରିବର୍ତ୍ତନରେ ହେବନି, ସଂଘର୍ଷର ଫଳାଫଳ ବାରମ୍ବାର ପରୀକ୍ଷା ନିରୀକ୍ଷା ଦ୍ୱାରା ତିଆରି ହେବ। ଯେଯାଏଁ ହୃଦୟର ପ୍ରଶ୍ନ ସହିତ ଜଡ଼ିତ, ମୋର ଦୃଢ଼ ବିଶ୍ୱାସ ଯେ ଅତି କମ୍‌ରେ ଲୋକମାନଙ୍କର ନ୍ୟାୟ ଓ ସମାନତାର ଜନ୍ମଜାତ ଆଦର୍ଶକୁ ଭୁଲନ୍ତିନି: ଇତିହାସର କୌଣସି ଗୋଟିଏ ସ୍ଥିତିରେ କିଛି ଲୋକମାନେ ଅବଶ୍ୟ ଏହାକୁ ଭୁଲିଯାଆନ୍ତି, କିନ୍ତୁ ଏହାକୁ ମନେ ରଖିବା ପାଇଁ ସେମାନଙ୍କଠାରୁ କାହିଁ ଅଧିକ ସଂଖ୍ୟାରେ ମନୁଷ୍ୟ ଜୀବିତ ରହନ୍ତି। ଏମାନଙ୍କ ଆଗରେ ନିଜର ଆନ୍ତରିକ ସଂଘର୍ଷର ପରୀକ୍ଷା ନିରୀକ୍ଷା ପାଇଁ କବି ନିଜର ରଚନାକୁ ଆଣେ ପଛକେ ରଚନା କରିବାର ଏକାନ୍ତତାର ମଝିରୁ ଉଠି ଆସିବାକୁ ହେଉ।

ରଘୁବୀର ସହାୟ

ମକର ସଂକ୍ରାନ୍ତି
୧୪ ଜାନୁୟାରୀ, ୮୨, ନୂଆଦିଲ୍ଲୀ

ସୂଚିପତ୍ର

କଳା କ'ଣ	୧୭
ବିଚିତ୍ର ସଭା	୧୯
କାଲି ପାଇଁ	୨୩
ରଂଗଗୁଡ଼ିକର ଆକ୍ରମଣ	୨୬
ଦିନେ ରେଳଗାଡ଼ିରେ	୨୯
କୁନି ଝିଅ	୩୦
ଭିବଷ୍ୟତ	୩୧
ଈଶ୍ୱର	୩୫
ତୁମ ବିଚାର	୩୬
ମୋ ଦୁନିଆ	୩୮
ମୋ ଘର	୩୯
ବୟସ	୪୦
ପ୍ରେମ	୪୧
ହିଂସା	୪୨
ନିଶାରେ ଦୟା	୪୪
ମନୁଷ୍ୟ-ମାଛ ଯୁଦ୍ଧ	୪୭
କେସିୟସ କ୍ଲେ'ର ପରାଜୟ	୪୯
ନିଦ	୫୧
ତାହାର ନିର୍ଜନତା	୫୩
ସ୍ତ୍ରୀ	୫୪
ନାରୀର ଛାତି	୫୫
ଲୋକମାନେ ଭୁଲି ଗଲେଣି	୫୭
ଚିହ୍ନବା	୬୪
ନିମନ୍ତ୍ରଣ	୬୫
କାର୍ଯ୍ୟାନୁଷ୍ଠାନ	୬୬
କବିତା	୬୭
ଶେଷବେଳ	୬୮
ଆସନ୍ତାକାଲି	୬୯
ବିଚାର ବକ୍ତା	୭୧
ଦୟାଶଙ୍କର	୭୩

ଚେହେରା	୭୫
ଶୈଶବ	୭୬
ମଧ୍ୟବୟସ୍କା ସ୍ତ୍ରୀଲୋକ	୭୮
ସ୍ମୃତି	୭୯
ବଳାତ୍କାର	୮୧
ଲାଭ	୮୨
କ୍ଷତିପୂରଣ	୮୩
ଖରାର ଇତିହାସ	୮୭
ବେଖାତିର ଭାବ	୮୯
ସଂଘର୍ଷ	୯୦
ପ୍ରେମୀଜନ	୯୧
ବ୍ୟାଙ୍କରେ ଝିଅମାନେ	୯୩
ଖଣ୍ଡ ଖଣ୍ଡ ମୁଁ	୯୪
ଜଡ଼	୯୬
ଆରେ ଏବେ ଏମିତି କବିତା ଲେଖ	୯୭
ହିନ୍ଦୀ	୯୮
ପ୍ରଥମେ ଆପଣ	୧୦୦
ଖୁସାମତ	୧୦୧
ବ୍ୟବହାରକୁଶଳ ଲୋକ	୧୦୨
ଶସ୍ତା ଦାମ୍‌ର ଦୋକାନ	୧୦୪
ସଫା କମିଜ	୧୦୫
କ୍ୟାମେରାରେ ବନ୍ଦୀ ପଙ୍ଗୁ	୧୦୬
ଅଜ୍ଞାତବାସୀ	୧୦୯
ଗୋଟିଏ ରାତିରେ ବ୍ୟତିକ୍ରମ	୧୧୩
ବଡ଼ ମଣିଷ	୧୧୪
ଅଭିନେତ୍ରୀ	୧୧୫
ଦୁର୍ଭିକ୍ଷ	୧୧୭
ଅନ୍ଦର ରସ	୧୨୦
ରୋଗ	୧୨୧
ଭେଟ	୧୨୨
ଖୁସୀ	୧୨୩
ସ୍ୱଚ୍ଛନ୍ଦ ଲେଖକ	୧୨୪
ସ୍ୱାଧୀନତା	୧୨୭

କଳା କ'ଣ

କେତେ ଦୁଃଖ ସେହି ଶରୀର ସହନ କରି ପାରିବ ?
ସେହି ଶରୀର ଯାହା ଭିତରେ
କ୍ଷୟ ହୁଏ ନିଜେ ଶରୀର
ମନର କେତେ ଦହଗଞ୍ଜ କୁଣ୍ଠାର ଅର୍ଥକୁ ବୁଝି
ସେମାନଙ୍କ ଦ୍ୱାରା ଧନୀ ହୋଇ ପାରିବ ?

ଅନୁଭୂତିରେ ସମୃଦ୍ଧ ହେବା କଥା ତୁମେ କହନି
ଅଦ୍ୱିତୀୟ ମଣିଷ ହିଁ ସେମିତି ହୋଇପାରେ
ଅଦ୍ୱିତୀୟ ମାନେ ଯିଏ ଉନ୍ମାଦରେ ରହନ୍ତି ଚାରି ପ୍ରହର
କେବଳ କେବେ ଚମକି ଉଠି
ନିଜ କୂଅକୁ ଝୁଙ୍କି ପଡ଼ି ଦେଖନ୍ତି
ସେହି କୂଅ ଯାହାକୁ ଆମେ କହୁ ମିନାର

ପ୍ରତ୍ୟେକ ବ୍ୟକ୍ତି ଜନ୍ମରୁ ହୋଇଥାଏ ଅଦ୍ୱିତୀୟ
କିନ୍ତୁ ଜନ୍ମର ପଛ ଜୀବନରୁ କେଜାଣି କେତେକଙ୍କ ପାଖରୁ
ଏହି ଅଦ୍ୱିତୀୟ ହେବାର ଅଧିକାର
ଛଡ଼ାଇ ନିଆଯାଏ
ଆଉ ଅଦ୍ୱିତୀୟ ସେମାନେ ହିଁ ବୋଲାନ୍ତି
ଯେଉଁମାନେ ଜନ-ଜୀବନରୁ ଅଜ୍ଞାତ ରହିବାରେ ହିଁ ଥାଆନ୍ତି ସୁରକ୍ଷିତ

ଅଦ୍ବିତୀୟ ପ୍ରତ୍ୟେକ ମଣିଷ
ଆଉ ତା'ର ଅଦ୍ବିତୀୟ ହେବାର ଅଧିକାରକୁ
ଛଡ଼ାଇ ନେଇ ଯେଉଁମାନେ ନିଜକୁ କହନ୍ତି ଅଦ୍ବିତୀୟ
ସେମାନଙ୍କ ରଚନା ହେଉ ଅଥବା ତାଙ୍କ ବିଚାର
ପୀଡ଼ାର ଗୋଟିଏ ରସବିନା ଚଟଣିରେ ଗୁଡ଼େଇ କରି
ପରଷା ଯାଏ
ସେତେବେଳେ ତାକୁ କହନ୍ତି କଳା !

କଳା ବା ଆଉ କ'ଣ ଏହି ଦେହ, ମନ, ଆତ୍ମା ଛଡ଼ା
ବାକିଥିବା ସମାଜ
ଯାହାକୁ ଆମେ ଜାଣିକରି ବୁଝି କରି
ଅନ୍ୟକୁ କହୁଛେ, ସେମାନେ ଆମକୁ କହୁଛନ୍ତି

ସେମାନେ, ଯେଉଁମାନେ ଚକିପେଷାରୁ ଆରମ୍ଭ କରନ୍ତି ପ୍ରତିଦିନ
ଆଉ ଶୋଇବାକୁ ଯାଆନ୍ତି
କାହିଁକି ନା ଏହି ବ୍ୟବସ୍ଥା ତାଙ୍କୁ ମାରିଦେବାକୁ ଚାହେଁନି

ସେମାନେ ଯେଉଁ ସମସ୍ୟାଗୁଡ଼ିକୁ ଜାଣିକରି ବି
ସେଗୁଡ଼ିକର ବର୍ଣ୍ଣନା କରନ୍ତିନି
ସେଇଠି ରହିଛି ସେମାନଙ୍କର କଳା
ଅନ୍ତତଃ ତାହା କଳା
ଯାହା ଅବଶିଷ୍ଟ ଅଛି ତାହା ବହୁତ କଳା

କଳା କ'ଣ ସମାଜକୁ ବଦଳାଇ ଦେଇ ପାରିବ ?
ନା, କେଉଁଠି ବହୁତ କଳା ରହିବ, ପରିବର୍ତ୍ତନ ହେବନି।

ବିଚିତ୍ର ସଭା

ଗୋଟିଏ ସଭା ହେଲା
ସେଠାକୁ ଡକାଗଲେ ଆନ୍ଦୋଳନର ନେତା
ପ୍ରଥମେ ସେମାନେ ଆସୁ ନ ଥିଲେ
ପୁଣି ଆସିଗଲେ କାହିଁକି ନା ମୁଁ ବି ଥିଲି
ସଭାର ସପକ୍ଷରେ

ସଭା ଶେଷ ହେଲା ବେଳକୁ ବାଜା ବାଜି ଉଠିଲା,
ତାହା ବନ୍ଦ ହୋଇଯିବା ପରେ ମଞ୍ଚ ହେଲା ଅନ୍ଧକାର ମୟ
ଆଉ ମଞ୍ଚ ଉପରେ ବସିଥିବା ଲୋକମାନଙ୍କ ପଛରେ
ଆକୃତି ଗୁଡ଼ିକ ଠିଆ ହୋଇ ଗଲେ
ଆଲୋକ ଥିଲା ପଛରେ,
ଆକୃତି ଗୁଡ଼ିକ ଥିଲେ କଳା
ସେମାନେ ନେତାମାନଙ୍କ ଉପରକୁ ବନ୍ଧୁକ ଉଠାଇଲେ
ପଛପଟୁ ଘେରାଉ ହୋଇଥିଲା ନେତାମାନଙ୍କର
ଆଉ ସେମାନେ ଉଠିକରି ଆଗକୁ ଯିବାପାଇଁ ଚାହୁଁଥିଲେ
କିନ୍ତୁ ଆଗରେ ଜନତାଙ୍କର ଭିଡ଼ ଥିଲା
ଯେଉଁ ବିଷୟରେ ଆୟୋଜକମାନେ ମାନୁଥିଲେ
ଯେ ସେମାନେ ନେତାମାନଙ୍କୁ ଘେରାଉ କରି
ଜବାବ ମାଗିବେ
ଆଉ ସେମାନଙ୍କୁ ପଳେଇବାକୁ ଦେବେନି
ପିସ୍ତଲ ଉଠିବା ମାତ୍ରେ

ନେତାମାନେ ଅସଲକଥା ବୁଝିପାରି ଛିଡ଼ା ହୋଇଯାନ୍ତି
ଜନତା ମଧ୍ୟ ଛିଡ଼ା ହୋଇଯାନ୍ତି
ସତେ ଯେମିତି ସେମାନଙ୍କୁ ପଳେଇ ଯିବାରୁ ଅଟକେଇବେ
ସେମାନଙ୍କ ଭିତରେ ରହିଛି ଅନେକ ଧରଣର ଚେହେରା:
ମୁଁ ବି ଅଛି
ବିଜୟ ଚୌଧୁରୀଙ୍କୁ ମୁଁ କହିଛି–ତୁମେ ଏହା ନିଅ
ନେତାମାନଙ୍କ ଆଡ଼କୁ ଉଞ୍ଚାଇ କରି ରଖ

ସିଏ (ମୋ ହାତରେ ଗୋଟିଏ ବନ୍ଧୁକ ଅଛି) ବସି ରହୁଛି
ମୁଁ ବି ଶୀଘ୍ର ଏହି କଥା ଭାବୁଛି ଯେ
ଯାହା ମୁଁ କରୁଛି ତାହା ଏହି ସମୟ ପାଇଁ ଠିକ୍

ରଘୁପତିଙ୍କ ଆଡ଼କୁ ବନ୍ଧୁକର ମୁହଁ କରି ରଖୁଛି
ରଘୁପତି ପଚାରୁଛନ୍ତି: ଆପଣ କେଉଁ ପଟେ ଅଛନ୍ତି
ମୁଁ ବହୁତ ଅର୍ଥ-ପୂର୍ଣ୍ଣ ସ୍ୱରରେ କହୁଛି ଆପଣଙ୍କ ପଟରେ
ଅର୍ଥାତ୍ ଯାହା ମୁଁ କରୁଛି ଦେଶର ହିତରେ
ଆଉ ଆପଣଙ୍କ ହିତରେ କରୁଛି
ଆପଣ ଆମକୁ ସ୍ୱୀକାର କରନ୍ତୁ

ରଘୁପତି ବିସ୍ମୟରେ ପଡ଼ିଯାଇ ମୋତେ କ୍ଷଣକ ପାଇଁ
ଦେଖୁଛନ୍ତି
ପୁଣି ନିଜର ନିର୍ମଳ ଆଖିକୁ ନୁଆଁଇ ଦେଇ
ଚିନ୍ତାରେ ବୁଡ଼ିଯାଉଛନ୍ତି
ଜଣା ନାହିଁ କିଏ ଆଦେଶ ଦେଉଛି ଯେ
ଚାଲ ବାହାରକୁ ଯିବା
ଆଉ ନେତାମାନଙ୍କୁ ନେଇଯାଇ
ସେମାନଙ୍କ ସହିତ କଥାବାର୍ତ୍ତା କରିବା
(କିମ୍ବା ସେମାନଙ୍କୁ ସଜା ଦେବା?)

ଧାଡ଼ି ବାନ୍ଧି କରି ଲୋକମାନେ ଆଗାଉଛନ୍ତି
କିଛି ତରୁଣ ନେତା ଯେବେ ବାହାରେ
(ମଞ୍ଚ ଅଥବା କୋଠରୀ ?)
ପହଞ୍ଚୁଛନ୍ତି
ସେତେବେଳେ ତାଙ୍କ ପଛରେ ନଥାନ୍ତି ବନ୍ଧୁକଧାରୀ
ନା ଆଗରେ ଜନତା
ସେମାନେ ପ୍ରାୟତଃ ମୁକ୍ତ ହୋଇଯାନ୍ତି

ମୁଁ ଭାବୁଛି ଯେ ସେମାନେ ଖସି କରି ଚାଲିଯିବେ
ସେହି ସମୟରେ ଦେଖୁଛି ପୁଣି ଗହଳି
ଆଉ ଯେଉଁ ଯୋଜନା ଥିଲା
ଆମ ଭିତରୁ କେହି ଜଣେ ନେତାମାନଙ୍କୁ ବତେଇବ
କ'ଣ ଥିଲା ସେମାନଙ୍କର ଭୁଲ

ଆଉ କହିବ ଯେ ଜନତା ନେତାମାନଙ୍କଠାରୁ
ଜବାବ ମାଗନ୍ତୁ,
ସିଏ ବିଗଡୁଛି
ଗୋଟିଏ ଦୁଆର ଭିତରୁ ହରିଆନାରେ ଦେଖା ଯାଉଛି
ଲୋକମାନେ ବାହାରି ଯାଉଛନ୍ତି
ସେମାନଙ୍କର ଯୋଜନାରେ ଆଗ୍ରହ ନାହିଁ
ସେମାନଙ୍କୁ ଚିତ୍କାର କରି କେହି ଜଣେ କହୁଛି
ରହିଯାଅ
ସେମାନେ ରହୁନାହାନ୍ତି

ଗୋଟିଏ ଶୋଭାଯାତ୍ରା ରାମଲୀଳାରୁ ବାହାରିଲା
(ବଡ଼ ଭାରୀ ପାଲିଙ୍କି)
କେହି ଜଣେ କହିଲା:
ତାଙ୍କୁ ରୋକି କରି ସବୁ କଥା ବୁଝାଇ ଦିଅ
ତାହେଲେ ସେମାନେ ଜୀବନରେ

ପରିବର୍ତ୍ତନ କରିବେ
ତାହା ବି କୋଳାହଳ ହେବାରୁ ରହିଗଲା
ମୁଁ ଦେଖୁଛି ଯେ ମୁଁ କ'ଣ କରିଦେଲି
ଏବେ ବନ୍ଧୁକ ମୋ ହାତରେ ନାହିଁ

କିନ୍ତୁ ଯାହା କିଛି ବିଳମ୍ବରେ ହେବାର ଥିଲା
ତା'ର ଦୃଶ୍ୟ ଦେଖାଯାଉଛି
ଆଉ ମୁଁ ଭରି ଯାଉଛି ଗ୍ଲାନିରେ
କ'ଣ ଜବାବ ଦେବି ଯେ ମୁଁ ଅଛି ତୁମ ପଟରେ
ମୁଁ ବହୁତ ଭାବିଚିନ୍ତି କହିଥିଲି
(ମୋର ଉଦ୍ଦେଶ୍ୟ ଏହା ଥିଲା ଯେ
ମୋର ଆଲୋଚନା ବି ଜରୁରୀ)
କିନ୍ତୁ ଏହା ମୁଁ କ'ଣ କଲି

ଏହା ବି ଦେଖିଥିଲି ଯେ ଜନତା ସଂଗଠିତ ହୋଇ
ଆଲୋଚନା କରି ପାରୁନାହାନ୍ତି
ଆଉ ବନ୍ଧୁକ ହାତରୁ ଚାଲିଗଲାଣି
ମୁଁ ଜାଣିନି ରଘୁପତିର କ'ଣ ହେଲା ।

■

କାଲି ପାଇଁ

ଏଇଟା ମୋ ଘର, ଏହା କାରଖାନା
ଯେତେ ଜାଗା ଅଛି କୋଠରୀରେ
ତା ଠୁ କମ୍ ମୁଁ ନେଇଛି
ବେଶି ଦରକାର ନାହିଁ
ବେଶି ଚାହିଁବାର ମାନେ ଲୁଟିବା

ମୁଁ ପୁଅକୁ କହିଲି, ମୋ ଚଷମା ଆଣିକରି ଦେ
ଆଉ ସିଏ ଶୁଣି କରି ଚାଲିଗଲା
ତାକୁ କିଛି କହିଲେ
ତା ଭିତରେ ତିଆରି ହୋଇଯାଏ ନିଜର ଏକ ଦୁନିଆ
ଆଉ ସିଏ ସେଠାରୁ ବହୁତ ଡେରିରେ ଆସେ

ତେଣୁ ମୁଁ ସେଠି ବସି ରହିଲି ମୋ ଚଷମା ପାଇଁ

ସିଏ ନେଇକରି ଆସିଲା- ଆପଣ ମଗାଇ ଥିଲେ
ଓଃ, ମୁଁ ମଗାଇଥିଲି, ହେଲେ ଏବେ ଆଉ ଦରକାର ନାହିଁ
ସେତେ ଡେରିଯାଏ ପଢ଼ିଲିନି, ଭାବି କରି ରହିଗଲି

ଅକସ୍ମାତ ମନେ ପଡ଼ିଗଲା
କିଏ କହୁଥିଲା ଯେ ଆମେ ଅପେକ୍ଷା କରି ରହୁ
କେହି ଜଣେ ଆସୁ ଆମ ପାଖକୁ

ତୁମେ କେବେ ହସୁଥାଅ ଜାଣିବା ବିନା
କେବେ ମୃଦୁ ହସରେ ଦେଖା ଯାଅ
କିନ୍ତୁ ତାହା ହସ ନୁହେଁ
ତାହା ଏକ ଦୁଃଖ ଭରା ଜୀବନର ଗୋଟିଏ କ୍ଷଣ
କୌଣସି ଗୋଟିଏ ଜିନିଷ ଖୋଲିଯିବାରୁ
ମାଂସରେ ଆସିଲା ଶିଥିଳତା
ସବୁବେଳେ ମନେ ପକେଇବ ତ ଦେଖିବ ଯେ
ସେତେବେଳେ ତୁମେ ଖୁସୀ ନ ଥିଲ
ଯେବେ ହସୁଥିଲ
ଜୀବନରେ ଜୀଇଁବା ବି ସମ୍ଭବ କରିଦିଏ
ମୁଁ ଅଛି ଏକଥା ହଠାତ୍ ଚମକି ପଡ଼ି ଜାଣିବା
କିନ୍ତୁ ମୁଁ ଗତ ଜନ୍ମରେ କ'ଣ ଥିଲି ଏହି ରହସ୍ୟ
ଚିନ୍ତିତ କରେନି
କୋଡ଼ିଏ ବର୍ଷରେ କ'ଣ ହେଲା
ଏହି ପ୍ରଶ୍ନ ଉଠେ

ହିନ୍ଦୀର ନେତା ବହୁତ ବେଳଯାଏଁ
ହିନ୍ଦୀରେ କହିଲେ
ଜନତା ପଚାରିଲେ ଇଂରେଜୀରେ କହି ପାରିବେ
ସେମାନଙ୍କ ଭିତରୁ ସବୁଠୁ ବଡ଼ ଚୁଟିବାଲା ଆସିଲା
ଇଂରେଜୀରେ କହିଲା
ହିନ୍ଦୀ କିହିବାବାଲାଏ ବାକି ରହିଗଲେ

ଯୁବକଟିର ଆଲୁଅରେ ଚୁପ୍‌ଚାପ୍ ହୋଇ ଚାଲିବା
ଆସିବା ଆଉ ଠିଆ ହୋଇ ରହିବା
ଗୋଟିଏ ଡାକ୍ତରଖାନାରେ
ସିଏ ତାକୁ ଧକ୍କା ଦେଇ କରି କିଛି ହାତେଇ ପାରିବନି
ଯେତେବେଳେ ସିଏ ଡାକ୍ତରଙ୍କ ଆଗରେ
ରୋଗର ନାଆଁ କହେ

ଯାହା ଅନ୍ୟ ଜଣେ ଡାକ୍ତର କହିଛନ୍ତି ତ
ସିଏ ମାନେନି
ସେତେବେଳେ ସିଏ ଉଦାସ ହୋଇ ଫେରିଯାଏ
ହାତରେ ଔଷଧ ନେଇ କରି
ଗୋଟିଏ ମୁକ୍ତ ଏବଂ କଠୋର ବ୍ୟକ୍ତିରେ ସିଏ ପରିଣତ ହୁଏ
କିଛି ବେଳ ପାଇଁ

ଏହା ସବୁ ଲେଖୁଛି
କାହିଁକି ନା ଚାରିପଟେ ଯେଉଁ ଲୋକମାନେ ଅଛନ୍ତି
ସେମାନଙ୍କୁ ବିଶ୍ୱାସ ନାହିଁ
ସେଥିପାଇଁ ତ ଲେଖୁଛି
ସେମାନେ ବୁଝୁ ନାହାନ୍ତି
ସେମାନେ ଖାଲି ନିଜ କଥା ବୁଝିବାକୁ ଚାହାନ୍ତି
ମୁଁ ସେମାନଙ୍କ ଭାଷାରେ କହୁନି
ତଥାପି ମୋତେ ଛପାଇବାକୁ ନାହିଁ ମୋ ଲେଖା
ସେମାନଙ୍କ ଦ୍ୱାରା
କାହିଁକି ନା ତାକୁ ଦେଖି କରି ହିଁ ଜାଣି ହେବ
ଯେ ଯାହା ମୁଁ କହିଲି
କାଲି
ଆଉ କେଉଁଠି
ତାହା ବୁଝି ହେବ କି ବୁଝି ହେବନି।

ରଂଗଗୁଡ଼ିକର ଆକ୍ରମଣ

ଯଦି ମୁଁ ଚିତ୍ରକାର ହୋଇଥାନ୍ତି
କିଛି ରଂଗ ଛାଡ଼ିଯାଇଥାନ୍ତା
ଯାହା ଡବାଗୁଡ଼ିକରେ ଆସେ
ଆଉ ବଡ଼ କାନ୍ଥ ଗୁଡ଼ିକରେ ଲିପାଯାଏ
ସଡ଼କ ପାରି କରୁଥିବା
ଇତସ୍ତତଃ ବ୍ୟକ୍ତିଟିକୁ ଯେଉଁମାନେ
ନିରୁତ୍ସାହିତ କରନ୍ତି

କେତେକ ପୀଡ଼ା କଣ୍ଟାରେ ଭରା
ତାର ବାଡ଼ ଯୋଗୁ
ତିଆରି ହୁଅନ୍ତି
ସେଗୁଡ଼ିକୁ କେମିତି ନେଇପାରନ୍ତି କଳାକାର
ସତେ ଯେମିତି ବର୍ତ୍ତୁଳ ରେଖାମାନଙ୍କରେ
କିଛି ସଜାଉଛନ୍ତି

ଜାଣିନି
ସବୁଠୁ ତାଜା ଶୈଳୀ ତ ଏହା
ଯେ ଅନେକ ମୃତ ଶବଙ୍କର
ଏକତ୍ରୀକରଣ
ଗୋଟିଏ ସନ୍ତୁଳିତ ଏକତ୍ରୀକରଣ, କର
ଆଉ ସେଥିରେ ତଟସ୍ଥ ହୋଇ କହ ଯେ
ଏହା ହେଉଛି ଆକାର ସୃଷ୍ଟି

ଆଉ ଏମିତି କେତେ ନା କେତେ ଚେହେରା ଅଛି
ଯେ ରାଣ ପକାଇ କହୁଛି
ମୁଁ ଆଙ୍କୁନି

ସେହି ଭୋକିଲା ପୁଅପିଲାଟି
ଯାହାକୁ ଜଣା ଅଛି ଯେ
ଚିତ୍ର ଅଙ୍କାଯିବା
ସେହି ସ୍ତ୍ରୀଲୋକ
ଯିଏ କାରାଗାରରେ ବି
ଗହଣାଗାଣ୍ଠି ପିନ୍ଧି ଖୁସୀ ଅଛି
ସେହି ବୁଢ଼ା
ଯିଏ ଖାଲି ତା ଦେହର
ଲୋଳିତ ରେଖାଗୁଡ଼ିକ ପାଇଁ ଅଙ୍କାଯାଏ
ମୁଁ ଆଙ୍କେନି

ମୁଁ ସେହି ଧ୍ୱଂସାବଶେଷର ଚିତ୍ର ବି ଆଙ୍କେନି
ଯାହା ସବୁ ହିନ୍ଦୁ-ମୁସଲମାନ ଦଙ୍ଗାରୁ
ବଞ୍ଚି ଯାଇଥାନ୍ତି
ଏହା କହିକରି ଯେ ଆମେ ଯେତେବେଳେ
ସେଠି ନ ଥିଲୁ

ରଂଗ ଗୋଟିଏ ପ୍ରଭାବପୂର୍ଣ୍ଣ ଜିନିଷ
ସେଥିପାଇଁ ତାହା ସବୁଠୁ ବେଶି
ଅଧିକାରଗ୍ରସ୍ତ କରିବା ପାଇଁ ବି ସକ୍ଷମ
ଶବ୍ଦଠାରୁ ମଧ୍ୟ ଅଧିକ
ଶବ୍ଦକୁ ତ ଏମିତି କହିଦେଉ ବ୍ରହ୍ମ
ଶବ୍ଦର ଅର୍ଥ ବାହାରି ପାରେ
ଦୁଇଟି ରଂଗର ନୁହେଁ
ଏଥିଲାଗି ରଂଗ ତିଆରି କରିବା ଓ ବିକିବା ଲୋକେ

ନିଜର ଚିତ୍ରକାର ନେଇ କରି ଆସନ୍ତି
ଅକାଳର ଚିତ୍ରଗୁଡ଼ିକୁ ରଂଗୀନ କରିବା ପାଇଁ

ମୁଁ କେବଳ ଚିତ୍ରକଳା ଶିଖିବାକୁ ଚାହୁଁଛି
କିନ୍ତୁ ମୋତେ ଗୋଟିଏ ତୀବ୍ର ଆଲୋକ,
ଗୋଟିଏ ଆକାଶ କିମ୍ବା ଗୋଟିଏ ଅନ୍ଧାର
କେଉଁଠି ମିଳିବ
ଯାହା ଅକ୍ଷତ ଯୌବନ ରଂଗରେ ଅଛି
ବାକ୍‌ଚାତୁରୀରେ ନାହିଁ

ଦେଖ ଯେଉଁମାନଙ୍କୁ ମାରିଛ
ତାଙ୍କ ଚେହେରାକୁ
ତାଙ୍କ ଉପରେ କୌଣସି ରଂଗ ନାହିଁ
କିନ୍ତୁ ସୌଦାଗର ଟିକେ ଡେରିରେ ତାଙ୍କ ଉପରେ
କିଛି ରଂଗ ଢ଼ାଳି କରି
ତାଙ୍କୁ ଲୁଗା ପିନ୍ଧାଇ ଦେବେ
ଚିକଣିଆ ଆବରଣ ପୃଷ୍ଠ ଉପରେ

ଯଦି ତୁମେ ରଂଗଗୁଡ଼ିକର ଏହି ଆକ୍ରମଣକୁ
ରୋକି ଦେଇ ପାର
ତାହେଲେ ରୋକି ଦିଅ
ନଚେତ୍ ଚିତ୍ର ଆଙ୍କନି
ଅନ୍ତତଃ ବିରୋଧ କରି

ଆଉ ଯଦି ଚେହେରା ଗଢ଼ିବାକୁ ଥାଏ
ତେବେ ଅତ୍ୟାଚାରୀର ଚେହେରା ଖୋଜ
ଅତ୍ୟାଚାରକୁ ନୁହେଁ
ଏହାକୁ ଆମେ ଭଲ ଭାବରେ ଜାଣିଛେ,
ସିଏ ଏବେ ବି ଲୁଚି ଲୁଚି ବୁଲୁଛି । ■

ଦିନେ ରେଳଗାଡ଼ିରେ

ଦିନେ ରେଳଗାଡ଼ିରେ
ଜଣେ ମଣିଷ ଦେଖାହେଲା
ଚୁପ୍‌ଚାପ୍ ହୋଇ ଠିଆ ହୋଇଥିବାର

ତା'ର ହାତ ଥିଲା କଳା
ଶରୀର ବି କଳା ଥିଲା
ସିଏ ଟିକିଏ ଆସିଲା ଇଆଡ଼େ

ଜଣେ ଜଣେ କରି ସମସ୍ତେ
ପାଦ କାଢ଼ି ନେବାରେ ଲାଗିଲେ
ନିଜ ଜୋତାଗୁଡ଼ିକୁ ଦେଖି କରି
ଇତସ୍ତତ ହୋଇ ରହିଥିବା ଲୋକମାନେ
ଅଳ୍ପ ଅଳ୍ପ ଲଜ୍ଜାବୋଧ କଲେ
ଆଜ୍ଞା ହଁ, ଜଣେ ଜଣେ କରି

କାମ ଖୋଜି ଖୋଜି
କିଛି ନ ଭାବି
କିଛି ନ କହି
ସେହି ଯୁବକଟି ଚାଲିଗଲା
ହାତରେ ବ୍ରସ୍ ନେଇ
ଭେଦକୁ ଖୋଲି ଖୋଲି । ■

କୁନି ଝିଅ

କୁନି ଝିଅ ଖାଉଛି
ତନ୍ମୟ ହୋଇ
ରୁଟି ଖଣ୍ଡିଏ

ଖାଇ ନେଉଛି, ପୁଣି ଟିକିଏ ରହି ଯାଇ
ଗୋଟିଏ ଫଳ ଆଉ ତା'ପରେ ପୁନଶ୍ଚ ତନ୍ମୟ
ପୁଣି ସିଏ ଶୋଇ ଯାଉଛି ଖରାରେ

ଆମେ ତା'ର ତନ୍ମୟତାକୁ କେମିତି ବି
ବଞ୍ଚାଇ ରଖିବା
ଯାହା ଫଳରେ ସିଏ ତା'ର କାନ୍ଧର ଗୋଲେଇରେ
ମୁକୁଳିତ ହୋଇ ଆସିବ ଗୋଟିଏ ଦିନ
ଦିନେ ନା ଦିନେ

ଆମେ ରୁଟି ଓ ଫଳ ବଞ୍ଚାଇବା
ଏହା ତା ଛାତିରେ ଦିନେ ଉଦୟ ହେବ

ତା ହାତ, ତା ହାତ
ଆମକୁ କହୁଛି ଯେ ଏମିତି କରୁ
ଆମେ ତାକୁ କହିବା ଯେ ସିଏ ଆଜି ସକାଳେ
ମନେ ପକାଉ, ମନେ ରଖୁ
ଆଜି ରାତିରେ ଆମେ ମନେ ପକେଇବା
ଦିନ ସାରା ଆମେ କ'ଣ କଲେ। ■

ଭବିଷ୍ୟତ

ସବୁ କିଛି ଲେଖାଯାଇ ସାରିଛି ଅତୀତରେ
ଏଠାକୁ ଆସିକରି ମୋତେ କହନି ପଣ୍ଡିତଗଣ
ଗୋଟିଏ କଥା ଏବେ ବି ଲେଖା ଯାଇନି, ବାକି ଅଛି
ଲେଖା ହେବ କି ନ ହେବ ସେ କଥା ସ୍ଥିର କରିବା
ଏବେ ବି ବାକି ଅଛି
ତାହା କ'ଣ ତୁମେ ଜାଣିଛ ?
ନିଜର ରଚୁଥିବା ଭାଷାରେ ତୁମେ ତାହା ବି
କହି ସାରିଥିବ,
ହେବନି ବା କାହିଁକି
ବିଶ୍ୱବିଦ୍ୟାଳୟଗୁଡ଼ିକ ଏମିତି ବ୍ୟବସ୍ଥା
କରି ରଖିଛନ୍ତି
ଏଠି ମୁଁ ଏକେଲା ଗୋଟିଏ ଛୋଟ ଜିନିଷର
ନିଜ ସମାଜରେ ଅର୍ଥ ଦେଖୁଛି
ତୁମେ ସେଠି କହୁଛ
ଏମିତି ତ ସବୁବେଳେ ହୁଏ

ଏହି ଯେଉଁ ବୁଝାମଣା ରହିଛି ଯେ ଇତିହାସ ଭ୍ରଷ୍ଟ
ଏହା ଅତ୍ୟାଚାରକୁ ଶାଶ୍ୱତ ରଖିବାର
ଅନ୍ୟାୟୀ ଭାଷା
ଯାହାର ଅନୁଷ୍ଠାନରେ ବିଦ୍ୟା ବନ୍ଦ ରହିଛି
ବିଦ୍ୟା ଯାହା ଆମକୁ ମୁକ୍ତ କରିଥାଏ ସେହି ବିଦ୍ୟା

ହେବ ତ ଅତ୍ୟାଚାର ଆଉ ହୋଇ ଚାଲିଥିବ
ଏହା କେବଳ ଏତିକି ସତ ଯେ ହାରିଛୁ
ହାରି ଚାଲିଛୁ ଆମେ ବାରମ୍ବାର
ଏହି ସମୟରେ ଆଜି ପୁଣି ହାରିଛୁ
ଆଉ ଏହା ସ୍ୱୀକାର କରିବା ଯେ ହାରିଛୁ
ପ୍ରତିଥର ବଳ ଦେଉନି

ଯେତେବେଳେ ଦଳିତ ଲୋକମାନେ
ଦମନକାରୀର ଶାସନର
ସମାନତା କରନ୍ତି
ନିଜକୁ ସାନ୍ତ୍ୱନା ଦିଅନ୍ତି
ଆମେ ଜିତିଲୁ, ସବୁଠୁ ବଡ଼ ବିଜୟ
ହୁଏ ଦମନର
ତା'ଉପରେ ଦଳିତକୁ ଅଭ୍ୟର୍ଥନା ଜଣାନ୍ତି
ଦମନ ଶାସନର ପ୍ରଜା

ବିରାଟ, ବିଶାଳ, ଅପାର ଏହି ଦେଶ
କିନ୍ତୁ ଅପାର ଅପେକ୍ଷା ବି ବେଶି ଅସୀମ
ଆମେ କେତେ ଗଭୀରକୁ ଚାଲିଯାଉ ଏବଂ ଗୋଟିଏ ଶକ୍ତି
ନେଇ ଆସୁ ସେଠାକୁ
କେଉଁଠି ହେଲେ ବୁଡ଼ି ଯାଉନି

ସାବଧାନ ହଲଚଲ ଅଛି ବହୁତ ଗତିବିଧି ଅଛି
ତିରିଶ ବର୍ଷ ଧରି ଯିଏ ଅଧକ୍ଷ ହୋଇ ରହିଥିଲେ
ଦୋ'ମୁହାଁ ଭାଷାର ଯିଏ ଥିଲେ ପ୍ରତିମୂର୍ତ୍ତି
ନିର୍ଭୀକ ଦିଶୁଥିଲେ ଭଣ୍ଡ ବି ଥିଲେ
ଆଜି ଏହି ଦୁଇଟିକୁ ଛାଡ଼ି
ଆଉ କିଛି ରହିଲାନି
ଏବେ ସିଏ ବର୍ବରତାର ପ୍ରତିମୂର୍ତ୍ତି ଅଧକ୍ଷ

ହା-ହା-ହା, ଏହା ଉପରେ ବି ହସ
କିନ୍ତୁ ହିନ୍ଦୀରେ ହସ ଉପରେ ତ
ଲେଖି ସାରିଛି
ସେଥିରେ ସମୟ ସମୟରେ ଭାଗୀଦାରୀ ଥାଏ
କେବେ ଦାନ୍ତ ନିକୁଟିବାର ପର୍ଦ୍ଦାପତନ
ଅଥବା ସମୃଦ୍ଧିର
ତାହା ବି କହି ସାରିଛି ।

କିନ୍ତୁ ଆଜି ଦେଖ ଯିଏ ହସୁଛନ୍ତି
ଭେଟ ହେଲେ,
ସେମାନଙ୍କ ଭିତରେ ରହିଛି ଚିନ୍ତା
ହଁ ତାହା ଦେଖାଯାଉନି
ସେମାନେ ଚାହୁଁ ନାହାନ୍ତି ଯେ ଅବିଶ୍ୱାସ ଦିଶୁ
ଆଶା ଅଛି ସେମାନଙ୍କ ବିରୋଧୀ ମିଶିଯିବେ
କିନ୍ତୁ ଏଥିରେ ସନ୍ଦେହ ଅଛି
ସେଥିପାଇଁ ଭିନ୍ନତାକୁ ଏବେ ରହିବାକୁ ଦିଅ
କିଛି ସମୟ ପାଇଁ ସେମିତି
ଦେଖାଇ ଦିଅ

ଏମିତି ଭାବରେ ଲୋକମାନେ ଆଜିକାଲି
ଆମକୁ ଭେଟୁଛନ୍ତି
ସତେ ଯେମିତି ରାଷ୍ଟ୍ରୀୟ ସମସ୍ୟାଗୁଡ଼ିକୁ
ମିଳିମିଶି ସମାଧାନ କରିଦେବେ
ଆଉ ସଭିଙ୍କର କେଉଁଠି ନା କେଉଁଠି
ସ୍ଥାନ ରହିଥିବ
କିନ୍ତୁ ଅତ୍ୟାଚାରୀର ମନରେ ଡର ଅଛି
ଆଉ ତା'ର ଅନୁଚରମାନଙ୍କ ମନରେ
ଅଛି ଅବିଶ୍ୱାସ

କେବେ ଭାବୁଛି ସିଏ ତାକୁ ହସି କରି କହୁ
ଯାହାର ହତ୍ୟା କରିଥିଲା।
କେବେ ଚାହୁଁଛି ଯେତେବେଳଯାଏଁ ସମ୍ଭବ
ସେମିତି ଥାଅ
ଆଉ ତା'ର ପିଲାମାନଙ୍କୁ ବି
ମାରି ଦେଇ ଯାଅ।

ଈଶ୍ୱର

କିଛି ଦିନ ହେଲା ମୋ ମନ ମୁକ୍ତ ଅଛି
ଈଶ୍ୱରଙ୍କର ଭୟ ନାହିଁ
କେବଳ ଗୋଟିଏ ଅନୁଭବ ଅଛି ଯେ
ସିଏ ମୋତେ ଭେଟିଥିଲେ

ଏବେ ତାଙ୍କ ସହ ପରିଚୟ ଅଛି
କିନ୍ତୁ ମିତ୍ରତା ନାହିଁ

ମୁଁ ଯିଏ ନିଜକୁ ଛାଡ଼ି ଦେଇଥିଲି ତାଙ୍କ ଉପରେ
ତାହା ଏବେ ଫେରାଇ ନେଲି
ଆଗାମୀ ସଂଘର୍ଷଯାଏଁ

ହଁ, ସିଏ ଗତ ଥର ମୋତେ ରକ୍ଷା କରିଥିଲେ
କିନ୍ତୁ ମୁଁ ବି ଦାନ ଦେଇଥିଲି ମୋର ଅହଂ

ସିଏ ମୋଠୁ ବଡ଼ ହେଲେ ସିଏ ମୋଠୁ ଏତେ ବଡ଼ ଥିଲେ
ଏହି ସମ୍ପର୍କ ବେଶି ଦିନ ଚାଲିଲାନି

ବାରମ୍ୱାର ତ୍ୟାଗ କରିବି ନିଜକୁ
ତାଙ୍କର ନିକଟତର ହେବା ପାଇଁ ନିରନ୍ତର।

ତୁମ ବିଚାର

ଏହା ସବୁ ମୋର ବିଚାର
ଯାହାକୁ ତୁମେ ଆଜି ଦୃଢ଼ ଭାବରେ
ପ୍ରକଟ କରୁଛ
କିନ୍ତୁ ଏହା ଠିକ୍-ଠିକ୍ ସେହି ବିଚାର
ନୁହେଁ- ଧନ୍ୟବାଦ
କାହିଁକି ନା ମୁଁ କେବେ
ଜୋର୍ ଦେଇ କହିନି
ବିଶ୍ୱାସରେ କହିଲି ଯେ ମୁଁ
ହୁଏତ ଠିକ୍
ଜୋର୍ ଦେଇ କହିଲିନି ଠିକ୍ କି ନୁହଁ
କହି ପାରିବି କେବଳ ମୁଁ ହିଁ

ଏହି ଶକ୍ତି ଆଜିଠୁ ଆଗରୁ
ତୁମ ଆବାଜରେ ନ ଥିଲା, ତୁମ ବିଚାରରେ ବି
ଦମ୍ ନ ଥିଲା
କିନ୍ତୁ ଆଜି ଯେତେବେଳେ ତୁମେ
ମୋ ବିଚାରକୁ ନେଇଗଲ
ଆଉ ତାଙ୍କୁ ସତ୍ତାର ଶକ୍ତି କହିଲ
ସେଥିପାଇଁ ମୋତେ ଗୋଟିଏ ବିଶେଷ ଧରଣର
ହସ ମାଡୁଛି
କିନ୍ତୁ ମୁଁ ତାକୁ ଦବେଇ ଦେଉଛି

କାହିଁକି ନା ମୁଁ ତୁମ ହାତରେ
ନିଜ ବିଚାରକୁ ବରବାଦ୍ ହେବାରୁ ବଞ୍ଚାଇବାକୁ
ନିଜ ବିଚାରକୁ ନିଜ ପରି କରିବା ପାଇଁ
ରଖୁଛି
ଆଉ ତୁମକୁ ଗୋଟିଏ ଅନ୍ଧ ଗଳିରେ ଫସିଯିବା ପାଇଁ
ଛାଡ଼ି ଦେଉଛି ।

ମୋ ଦୁନିଆ

ଗୋଟିଏ ଆଶ୍ରୟରୁ ଅନ୍ୟ ଗୋଟିଏକୁ ଆସି
ମୁଁ ଗୋଟିଏ ବନ୍ଧନରୁ ମୁକ୍ତ ହୋଇଯାଉଛି
ଏହା ମୋର ମୁକ୍ତି

ବାରମ୍ବାର ଗୋଟିଏ ଦାସତ୍ୱରୁ ଅନ୍ୟଟିରେ
କମ୍ ହେଉ କିମ୍ବା ବେଶି
ମୁକ୍ତ ହୋଇ କରି
ସେତିକି ସମୟରେ ମୁଁ ଗଢ଼ିନେବି
ଗୋଟିଏ ଦୁନିଆ ନିଜ ଭିତରେ
ଆଉ ବାହାର ପର୍ଯ୍ୟନ୍ତ ପହଞ୍ଚାଇ ଦେବି
କାରଣ ତାହା ଯେମିତି ନଷ୍ଟ ହୋଇ ନଯାଏ
ଆଉ ଯେବେ ପୁଣି ଥରେ ଘର ବଦଳାଏ
ସେହି ଦୁନିଆ ମୋର କିଛି ବଡ଼ ହୋଇ ଯାଇଥିବ ।

■

ମୋ ଘର

ମୋ କବିତାରେ ମା'
ମୋ କବିତାରେ ସ୍ତ୍ରୀ-ପିଲାପିଲି
ମୋ କବିତାରେ ଘରଚଟିଆ ବସନ୍ତର
ଖରା ଓ ପାଣିର ସଂସ୍ମରଣ
ସବୁ ସେଠି ରହିଗଲେ
ଏଗୁଡ଼ିକର ସ୍ମୃତି ରହିଗଲା
ସେଠି ମୋ ଘରେ

ଯାଅ ଯାହାର ଯାତ୍ରାକାଳରେ
ଦି'ଦିନ ବିଶ୍ରାମ
ନେବାର ଅଛି
ହୁଏତ ମା' ଭେଟିବ
ଅଥବା ତା ସ୍ମୃତିରେ
ଖରାରେ ଫୁଟିଥିବା ଫୁଲ

ମୋ ଘରେ ରହି ଯିବ ।

ବୟସ

ଯେତେବେଳେ ତୁମେ ପିଲା ଥିଲ
ତୁମକୁ କାନ୍ଦିବାର ଦେଖି ପାରୁନଥିଲି
ଏବେ ତୁମେ ଯେତେବେଳେ କାନ୍ଦୁଛ
ମୁଁ ଦେଖୁଛି ।

ପ୍ରେମ

ଅଚାନକ ଅଟ୍ଟହାସ୍ୟ ଶୁଣାଯାଉଥିଲା
ପରମାତ୍ମା ଅଛନ୍ତି ତାହାର ଗୋଟିଏ ଅଂଶ ହେଉଛି ଏହି ହସ
ପରମାତ୍ମା ଅଛନ୍ତି ସେଥିପାଇଁ ସେହି ଝିଅଟି ଯିଏ ହସୁଛି
ବଞ୍ଚି ରହିଛି ହସିବା ଲାଗି

ଗୋଟିଏ ଯଜ୍ଞ ହେଉଛି ତା'ର ହସ
ପୂର୍ଣ୍ଣ କରୁଛି ଆମକୁ

ଧ୍ୟାନର ସହିତ ଶୁଣ କିଛି ବି ବ୍ୟକ୍ତିଗତ ନାହିଁ ସେହି ହସରେ
ସିଏ ଆମକୁ ମୋହିତ ନୁହେଁ ମୁକ୍ତ କରୁଛି
କୌଣସି ପୀଡ଼ା ନାହିଁ ସେହି ହସରେ
ପୀଡ଼ା ଆମ ଭିତରେ ଉଠୁଛି ସେହି ହସ ସରିଯିବାର
ବହୁତ ବେଳ ପରେ
ଯେତେବେଳେ ଆମେ ପରମାତ୍ମାଙ୍କ ଆଗରେ
ନିଜକୁ ପାଉ ପ୍ରେମମୟ ।

ହିଂସା

ଧର୍ମରାଜ ମୃଦୁ ହସ ହସୁଥିଲେ
ମୋର ବଶୀଭୂତ ହୋଇ କରି
ସିଏ ଭାବୁଥିଲେ
ଭାରତର ସୁପୁତ୍ର ସବୁ ସ୍ଥାନରେ
ପ୍ରତାରିତ
ମୋ ନିଶ୍ଚଳତାରେ ହେବେ ପରାସ୍ତ

ସିଏ ଚରଖା ଚଲାଉଥିଲେ
କାନ ଦେଇ କେବେ କେଉଁଠୁ
ଅକସ୍ମାତ ଶୁଣାଯିବ ଶବ୍ଦ
ଯେଉଁଥିରୁ ମୁଁ ସୃଷ୍ଟି କରିଦେବି
ଅକସ୍ମାତ କଥାଟିଏ
ସେହି ତରୁଣର ବ୍ୟାକୁଳତାକୁ
ଭାଙ୍ଗିରୁଜି

ଆଲୋଚନା ଶୁଣି ସିଏ କଠୋର
ଦେଖାଯାଉ ନ ଥିଲେ
ଯାହା ତାଙ୍କ ଭିତରେ
କଂପିତ ହେଉଥିଲା ବାରମ୍ବାର
ତାହା ଜ୍ଞାନ ନୁହେଁ
ହିଂସାର ତାହା ବିଚାର

କିନ୍ତୁ ସତେ ଯେମିତି କହିବେ
ନିର୍ଯ୍ୟାସ ଜୀବନର

ଦେଖ ସିଏ କହୁଛନ୍ତି କେତେ ବଡ଼ କଥା
କହୁଛନ୍ତି ବଦଳୁଛି ଭାରତର ସମାଜ
ଆଜି କିଏ କିଛି ବି କରୁ
ଅଥବା ନ କରୁ
ସେଥିପାଇଁ ଆପର ନିଶ୍ଚିନ୍ତ ରହନ୍ତୁ

ସିଏ ଅଟଳ ରହିଛନ୍ତି ବ୍ୟାକୁଳତାର ହତ୍ୟା ଉପରେ
'ପ୍ରତ୍ୟେକଟି ପ୍ରଶ୍ନ ପାଲଟି ଯାଇଛି
ବ୍ୟାପକ ଅଡୁଆ-ତଡୁଆ
ନିରପେକ୍ଷ ଦୃଷ୍ଟିରେ ଦେଖ ତ
ସବୁ ସମସ୍ୟାର ସମାଧାନ ହୋଇଛି'
ଶୁଣି କରି ହତାଶ ତରୁଣ ଉଠି ପଡ଼ିଲେ
ଦିଶାହୀନ ଭାବରେ
ଏହି ବୃଦ୍ଧ-ତରୁଣ ସଂବାଦ
ହୋଇଛି ବାରମ୍ବାର
ଯୁବମନର ବ୍ୟାକୁଳତା ମରିନି
ହୋଇଛି ଦୁର୍ନିବାର
କିନ୍ତୁ ଗାନ୍ଧୀଙ୍କ ଶିଷ୍ୟମାନେ
ବାରମ୍ବାର ପ୍ରହାର କରି
ହିଂସାର ନିଶ୍ଚିତ କଲେ ସାରା ଦେଶରେ ପ୍ରଚାର ।

■

ନିଶାରେ ଦୟା

ଅଧା ରାତିର ଶୂନ୍ୟତା ଭିତରେ
ମୁଁ ନିଶାରେ ଚୁର୍ ହୋଇକରି ଥିଲି
ଗୋଟିଏ କବିତା ଗାଇ ଗାଇ ଯାଉଥିଲି
ନିଜର ଆତ୍ମାରେ

କିଛି ମିନିଟ୍ ଆଗରୁ ମୁଁ ବିଲ୍‌ରେ
ଦସ୍ତଖତ କରିଥିଲି
ଖାନ୍‌ସମା ଭାବୁଥିବ ଏହା ସବୁ ମାଗଣା ବୋଲି

ତୁମେ ଯାହା ଚାହଁ ଖାଇ ନିଅ, ପିଇ ନିଅ
ଏହି ସିଗାରେଟ୍ ତ
ମୋତେ ଦେଖୁଥିଲା ଅଥବା ନିଜ ପେଟକୁ ?

ପୁଣି କହିଲା ସିଗାରେଟ୍‌କୁ ରଖିକରି
ପକେଟ୍‌ରେ ମୋ ପାଇଁ
ଆଜି ତ ଏହାକୁ ପିଇନେବି କିନ୍ତୁ କାଲି
ମୋତେ ବିଡ଼ି ଦରକାର

ଗୋଟିଏ ବଣ୍ଡଲ୍ ଷାଠିଏ ପଇସାର
ବହୁତ ଚଳିଯିବ
ତାହାର ଥଣ୍ଡା ନଜର କହୁଥିଲା ଯେ
କାଲି କାଲିକି ଆସିବ

ହୋସ୍ ତୁମେ ହରାଇ ବସିଛ
କାଲିର ଖବର ତୁମ ପାଖରେ ନାହିଁ
ତୁମେ ଯେଉଁଠି ଅଛ ପ୍ରକୃତରେ
ତୁମେ ସେଠି ନାହଁ

କେତୋଟି ପିଲା ଅଛନ୍ତି ? ତୁମେ କେଉଁଠାର ?
ଏଠି ଘର କେଉଁଠି ଅଛି ?
ଚାରୋଟି, ବିଜନୌର ଗାଁର ମୁଁ,
ମସ୍‌ଜିଦ୍‌ରେ ମୋର ଘର
କଷାମାଂସ ଯାହା ମୁଁ ଲେଖିଦେଲି ତୁମ ନାଆଁରେ
ତାକୁ ତୁମେ ନିଜେ ଖାଇବ
ନା ଘର ପାଇଁ ନେଇଯିବ ?

ଶୁଣି କରି ସିଏ ଚୁପ୍ ହୋଇଗଲା
ଆଉ ଏହା ଭଲ ଲାଗିଲା ମୋତେ
ଟଳି ଟଳି ଉଠିଲି
ଏବଂ ଏହି ଭାବ ଜାଗିଲା ମନରେ

ଜଣେ ଲୋଭୀର ଅଧିକାର ନାହିଁ
ତା ଉପରେ ଦୟାପରବଶ ହେବା
ନିଶା ମୋତେ କେତେ ବଡ଼ ଶିକ୍ଷା ଦେଇକରି ଗଲା

ମୁଁ ଘରକୁ ଯାଇ ଲେଖି ରଖିବି
ଯାହା ଘଟିଲା ମୋ ଭିତରେ
ଭାବିକରି ମୁଁ ଘରେ ତ ପହଞ୍ଚିଲି
କିନ୍ତୁ ପହଞ୍ଚିଲା ପରେ ଶୋଇଗଲି

ଉଠିକରି ସେହି କବିତା ଆସିଲାନି
ଅକଲ ନିଶ୍ଚିତ ଆସିଲା
କେତେ ଯେ ତା'ର ହୋସ୍ ଥିଲା
ଆଉ ମୁଁ ଥିଲି କେତେ ନିଶାଗ୍ରସ୍ତ ।

ମନୁଷ୍ୟ-ମାଛ ଯୁଦ୍ଧ

ଯେଉଁ ମାଛମାନେ ମିଠା ପାଣିରେ ରହୁଛନ୍ତି
ସେମାନଙ୍କୁ ଆମେ ଛାଡୁଛେ ସମୁଦ୍ରରେ
କାହିଁକି ନା ମିଠାପାଣିର ମାଛଗୁଡ଼ିକ
ବିକ୍ରୟ ହୁଅନ୍ତି
କାରଣ ଆମେ ସମୁଦ୍ରରୁ ମାଛ ଧରୁ
କାହିଁକି ନା ଆମ ନାଆଗୁଡ଼ିକ ବିଶାଳ
ନଦୀରେ ଜାଗା ହୁଅନ୍ତିନି

ଆମେ ମାଛ ଧରୁ କାହିଁକି ନା ଆମେ ସେମାନଙ୍କୁ
ଡବାରେ ବନ୍ଦ କରି ବିକିବୁ
ଡବାରେ ବନ୍ଦ ମାଛ ଆମ ଲୋକତନ୍ତ୍ରର ପ୍ରତୀକ
ପ୍ରତ୍ୟେକଙ୍କ ପାଇଁ ତାଜା ମାଛର ଜାଗା ଉପଲବ୍ଧ

ଆମେ ବିଜ୍ଞାନକୁ ଜିତୁଛୁ
ମାଛକୁ ଡବାରେ ବନ୍ଦ କରିବା ପାଇଁ
ସେହି ମାଛକୁ ମିଠା ପାଣିରେ ରହିବାକୁ ଦେବାଲାଗି
ପଦ୍ଧତି ଆବିଷ୍କାର କରୁଛୁ

କିନ୍ତୁ ବିଜ୍ଞାନ ଆମକୁ ହିସାବ ଜଣାଉଛି
ସେମାନେ କହୁଛନ୍ତି ଯେ ମାଛମାନଙ୍କ ଭିତରେ

ସମୁଦ୍ରରୁ ଫେରିଆସି ମିଠାପାଣିକୁ ଯିବାର
ଅଦମ୍ୟ ଇଚ୍ଛା ରହିଛି

ଆମେ ମାଛର ପ୍ରଜାତିକୁ ଟାଗଡ଼ା କରୁଛୁ
ଯାହା ଫଳରେ ସେମାନେ ହେବେ
ସ୍ୱାଦିଷ୍ଟ ଆଉ ମହଂଗା ବି
ମାଛ ହୃଷ୍ଟପୁଷ୍ଟ ହେଉଛି ଆଉ ମିଠାପାଣିକୁ
ଫେରି ଆସିବା ପାଇଁ ତଡ଼ପି ଉଠୁଛି

ଆମେ ବିଜ୍ଞାନର ଏହି ସିଦ୍ଧାନ୍ତରେ ପହଞ୍ଚୁଛୁ
ଯେ ଆମେ ମାଛକୁ ସମୁଦ୍ରରେ ଛାଡ଼ି ଦେଇ
ତାକୁ ଏତେ ଶୀଘ୍ର ମାରିଦେବାକୁ ହେବ
ଯେ ସିଏ ନଦୀକୁ ଆଉ ଯେମିତି ନ ଫେରେ ।

■

କେସିୟସ କ୍ଲେ'ର ପରାଜୟ

ଯିଏ ନିଜ ସ୍ୱାମୀକୁ ରକ୍ତରେ ଓଜନ କରିବେ
ଆଜି,
କାଲି ବି ସେମାନେ ଓଜନ କରିବେ ସ୍ୱାମୀକୁ ରକ୍ତରେ
ଆଜି ନିଜ ରକ୍ତରେ
କାଲି ମୋ ରକ୍ତରେ
ପଅରଦିନ ସେମାନେ ରକ୍ତ ଜମା କରିବେ
ପିଲାମାନଙ୍କର ସେଥିପାଇଁ

ସେହି କେସିୟସ କ୍ଲେ ଯେବେ ନିଜର ହାର୍ ମାନିନେଲା
ପିଲାମାନଙ୍କଠୁ
ସେତେବେଳେ ସିଏ ଗୋଟିଏ ପିଲାର ହତ୍ୟାରୁ
ରକ୍ଷା ପାଇଗଲା
ସିଏ ନିଜ ଦେହର ଶକ୍ତିର ଉପଯୋଗ କରିବାରୁ
ବିରତ ହେଲା
କିନ୍ତୁ ସିଏ ପିଲାମାନଙ୍କର ନିଶ୍ଚଳ ଚରିତ୍ର ପାଖରେ
ପରାଜୟ ସ୍ୱୀକାର କଲାନି

କାହିଁକି ନା ଆମେ ପିଲାମାନଙ୍କୁ
କେସିୟସ୍ କ୍ଲେ ସହିତ ଲଢ଼ିବା ପାଇଁ
ଆଜି ନେଇ ଯାଉଛୁ
ଆଉ ଏହା ସୁପାରିଶ୍ କରୁଛୁ ଯେ କେସିୟସ୍ କ୍ଲେ

ସେମାନଙ୍କ ପାଖରୁ ନିଜର ହାର୍
ମାନି ନେଉ

କେସିୟସ କ୍ଲେ ବାରମ୍ବାର ହାର୍ ମାନି ନେଉଛି
ଆଉ ଗୋଟିଏ ପିଲାକୁ ହିଂସାର ବ୍ୟବସାୟରେ
ଭାଗ ଦେଇ ଦେଉଛି
ଯିଏ କି ମନୋରଂଜନ ପାଇଁ ଯାଇଛି ଲଢ଼ିବାକୁ
ତା'ର ନିଜର ନୁହେଁ
ଆଉ ଫେରିଛି ଶିଖି କରି ଯେ
ମନୋରଂଜନ ପାଇଁ ହିଁ ସିଏ ଲଢ଼ିବ

ହିଂସା କେବଳ ହିଂସା କେତେ ସହଜ
ସେଥିରେ ଅଛି ରାଜ୍ୟାଶ୍ରୟ ସେଥିରେ ଅଛି କ୍ଷମାଦାନ

ଶକ୍ତିଶାଳୀ ଲୋକମାନେ ଖୋଜୁଛନ୍ତି ଦୁର୍ବଳଙ୍କୁ
ଗୋଟେ ପଟେ ଡାକ୍ତରଖାନା, ଝୁପୁଡ଼ି, ହଜାର ବର୍ଷରୁ
ବଞ୍ଚିତ ଜାତି ବର୍ଗ ଶବ ଲୁଟୁଥିବା ଲୋକମାନେ
ଭାଙ୍ଗିଥିବା ଘର-ଦ୍ୱାର ଯାହାକୁ ସେମାନେ
ଅଭୟ ଦିଅନ୍ତି
ଆଉ ଅନ୍ୟପଟେ ଚିତ୍ରକାର
ଯିଏ ନିଜ ରକ୍ତରେ
କାଗଜ ଉପରେ ସେମାନଙ୍କ ଚିତ୍ର ଆଙ୍କେ
ମଣିଷ ମନରେ ଭୟ ଭରି ଦିଏ ।

ନିଦ

ଅପଲକ ନେତ୍ରରେ ତୁମେ ଚାହିଁକରି ବସିଥିଲ
ବେଶି ଦୂରକୁ ଯାଇ ନ ଥିଲା ସେହି ଚେହେରା
ଏବେ ଦୁଃଖର ଆଖପାଖରେ କେଉଁଠି
ଠିଆ ହୋଇଥିଲା

ମୁଁ ଏତେ ଜଲ୍‌ଦିରେ ନାହିଁ
ମନେ ମନେ ମୁଁ କହିଲି
ଯେ ଏମିତି ରୂପରେ ତୁମକୁ ପାଇକରି ବି
ରୋକିବିନି
ମୁଁ ସବୁ କାମରୁ ଛୁଟି ନେଇ ଯାଇଛି
ପାଖରେ ରହିବାକୁ
ତେଣୁ ମୁଁ ଏଇଠି ରହିବି
ପଶ୍ଚାତାପର ହାଲ୍କା ପୀଡ଼ା ସହନ କରି
ଅପେକ୍ଷା କରେ ଏକ ହାଲ୍କା ଉପଶମର
ମୋତେ ଜଣା ନାହିଁ
ସିଏ କାହିଁକି ବା ଆସିବ

ତୁମେ ଉଠିଲ ଆଉ ସେହି ଗୋଟିଏ ଜାଗାରେ
ପଡ଼ି ରହିଲ
ଆଉ କୁଆଡ଼େ ଚାଲିଗଲ
ତୁମେ କଡ଼ ଓଲଟାଇଲ

ମୁଁ ସେଠି ପାଖରେ ବସିଥିଲି
ନିଜ ପ୍ରତି ଭୟଭୀତ ହୋଇ
ତୁମେ ଉଠିଲ ଯେମିତି
ପ୍ରବୋଧନା
ଆଉ କିଛି କ୍ଷଣ ପରେ ତୁମେ ଶୋଇଗଲ

ଚେହେରା ଉପରେ ଯନ୍ତ୍ରଣା
ଫୁଟି କରି ଦିଶିଲା
ଛାଇଗଲା
ଗୋଟିଏ ଛୋଟ ଅକ୍ଷରରେ ଛପା ବହି ପରି
ଖୋଲିଗଲା ସେହି ଚେହେରା
ଶୋଇକରି ରହ
ମୁଁ ପଢୁଛି
ଭାଷାର ଗୁଂଜନକୁ ଘରେ ଶୁଣି କରି
ବାରମ୍ବାର ଆମ ଦୁହିଁଙ୍କ ଅତୀତ ।

■

ତାହାର ନିର୍ଜନତା

ସିଏ କହିଲା ଦେଖ ମୁଁ ବେମାର ରହୁଛି
ମୁଁ ଚାହୁଁନି ଯେ ମୋ ପିଲାମାନେ ପୀଡ଼ା ଦେଖିବାରେ
ଅଭ୍ୟସ୍ତ ହୁଅନ୍ତୁ
କିମ୍ବା ମୋ ଉପରେ ଦୟା କରନ୍ତୁ ଅଥବା ମୋତେ
ଭୁଲି ଯାଆନ୍ତୁ
ଦଶବର୍ଷ ଆଗରୁ ଯିଏ ଏହି କଥା କହିଥିଲା

ଆଜି ସିଏ ବାରମ୍ବାର କହୁଛି
ମୋତେ କଷ୍ଟ ହେଉଛି ଆଉ ବିସ୍ତୃତ ଭାବରେ
ତାହା ଜଣାଉଛି ବହୁତ ବେଳଯାଏଁ

ଯେମିତି କି ସେହି ପୀଡ଼ା ଗୋଟିଏ ଅନନ୍ତହୀନ ନିର୍ଜନତା
ଯେଉଁଠି କେବଳ ସିଏ ଅଛି ଏବଂ ସିଏ ତାକୁ ଦେଖି
ବିସ୍ମୟାଭିଭୂତ ହେଉଛି ।

■

ସ୍ତ୍ରୀ

ସ୍ତ୍ରୀ ର ଦେହ
ମୃଦୁ ହସ ହସୁଛି ସ୍ତ୍ରୀ
ତା'ର ଦେହ

ପିଠି ସେପଟକୁ କରିବା କ୍ଷଣି
ତା ଜୀବନର
ଆହୁରି ଦଶବର୍ଷ ଦିଶେ

ପ୍ରତି ସ୍ତ୍ରୀର
ଗର୍ଭରେ ରହେ
ତାହାର ଆଗାମୀ କ୍ଳେଶ

ଯେତେବେଳେ ସିଏ ଆଣ୍ଠୁ ମୋଡ଼ି କରି
କଡ଼ ବଦଳାଏ
ସେତେବେଳେ ଦେଖିବ ଯେ ତୁମେ
ଦେଖୁଚ ତା ଉପରେ ଅନ୍ୟାୟ ନିଶ୍ଚୟ ହେବ

କିନ୍ତୁ ତା'ର ଚେହେରା ତା'ର ବିଦ୍ରୋହ
ଏକଥା କେତେ ଅଳ୍ପ ସ୍ତ୍ରୀଲୋକ ଜାଣି ପାରନ୍ତି
ଏହି ଭ୍ରମରେ ଭୁଲି ଯାଇଛନ୍ତି ଯେ ତାହା ଭବିଷ୍ୟତ
ସିଏ ଆଣ୍ଠୁ ମୋଡ଼ି କରି କଡ଼ ଲେଉଟାଇ ଶୋଇଯାଏ। ■

ନାରୀର ଛାତି

ସିଏ ସାମର୍ଥ୍ୟର ବଜାରରେ
ମୋର ବହୁତ ପାଖରେ ଠିଆ ହୋଇଥିଲା
କିଣୁଥିଲା ନିଜ ଜୀବନରେ
କିଛି କୌତୁହଳ
ସୃଷ୍ଟି କରିଛି ଆଉ କିଛି ସଫଳତା
ଯାହା ମିଳିଥିଲା ଏଯାଏଁ
ତା ସାହାଯ୍ୟରେ ନିଜ ମନକୁ ବୁଝାଉଛି ଯେ
ତା'ର ଭବିଷ୍ୟତ ଅଛି

ହାତକୁ କିଛି ରେଜା ଫେରି ଆସିବା ପରେ
ତା ଚେହେରାରେ ସନ୍ତୋଷ ଝଲକିଲା
ସବୁ ଜିନିଷ ମହଂଗା ହେଲେ ହୋଇ ଥାଉ
ଅଳ୍ପ କିଛି ହେଲେ ବି
ସିଏ କିଣି ପାରିବ
ସେତେବେଳେ ତା'ର ଦୃଷ୍ଟି ଆଢୁଆଳରେ
ମୁଁ ତାକୁ ଦେଖିବାକୁ ଲାଗିଲି

ସିଏ ଥିଲା ତରୁଣୀ
ତା ଶରୀରରେ ଥିଲା ପ୍ରାଣ
କିନ୍ତୁ କେଉଁ ଜିନିଷ ଭାଙ୍ଗି କରି ରହିଥିଲା
ସେହି ଚେହେରାରେ

ସାମାନ୍ୟ ମାଂସଳ
ଆଉ ସିଏ ଟିକିଏ ଶକ୍ତିଶାଳିନୀ
ହୋଇ ଥାଆନ୍ତା ଶରୀରରେ
ସିଏ ଖୁନୀ ନଖ ଆବୋରି ରଖେ
ଏକତ୍ରିତ କରି
ପୁରୁଷ ତୁଳନାରେ
ହେଲେ ତା ଗାଲ ପୂରି ନ ଥିଲା
ତା ଉପରେ ଥିଲା ଅନେକ ରେଖା

ସେତେବେଳେ ମୁଁ ଦେଖିଲି
ଯେ ତାକୁ ଏତେ ପାଖରେ ପାଇକରି
ଇଏ କ'ଣ ହେଲା
ଏତେ ଅଦ୍ଭୁତ ଧରଣର ଯନ୍ତ୍ରଣା
ତାହା ନ ଥିଲା ଘୃଣା ନଥିଲା ବାସନା
ଯାହା ଥିଲା ତାହା ଥିଲା ସମ୍ମାନ
ପରିଶେଷରେ
ତାହା ଥିଲା ତା'ର ଛାତି
ଆଖି ଆଗରେ
ତା'ର ଏକାକିନୀ ଅସହାୟତା
ଆଉ ତୁଳନାହୀନ ନାରୀର
ତାହା ଥିଲା ସର୍ବସ୍ୱ
ଆଉ ଥିଲା ମୋର ବହୁତ ପାଖରେ ।

ଲୋକମାନେ ଭୁଲିଗଲେଣି

ଲୋକମାନେ ଭୁଲିଗଲେଣି
ଗୋଟିଏ ପ୍ରକାରର ଡରକୁ
ଯାହାର କିଛି ଉପାୟ ଥିଲା
ଆଉ ଗୋଟିଏ ପ୍ରକାରର ଡର
ଏବେ ସେମାନେ ଜାଣନ୍ତି
ହେଲେ ଯାହାର କାରଣ ସେମାନେ ଜାଣନ୍ତିନି

ଏଥିରେ ଅଛି ଗୋଟିଏ ପ୍ରକାରର ଖୁସୀ
ଯାହା ଗୋଟିଏ ନୀରସ ଜୀବନରେ
ଶିହରଣ ଆସିବାରୁ ହୋଇଥାଏ
କେବେ କାହାକୁ ମୃତ୍ୟୁର ଖବର ଶୁଣିକରି
ହସି ଉଠିବା
ଅଜ୍ଞାତରେ ଦେଖିଥିବ
ତାହା ଗୋଟିଏ ପ୍ରକାରର ଅନାୟସ ଖୁସୀ
ମୃତ୍ୟୁର ଡର ନିଜ ପାଖରୁ ଚାଲିଯିବାର ଆଶ୍ୱସ୍ତି
ଏବଂ ଧ୍ୟାନ ସେହି ସମୟରେ କେବେ-କେବେ
ଏମିତି ବାଣ୍ଟି ହୋଇଯାଏ ଯେ
ଆମେ ମରିବା ଲୋକର କଷ୍ଟକୁ କେବେହେଲେ ଜାଣି ପାରିବାର
ଯୋଗ୍ୟ ହୋଇ ରହୁନି

ପ୍ରତିଦିନ ଆଉ କିଛି ଲୋକ
ସେହି ପୈଶାଚିକ ହସକୁ ନେଇ ସାମ୍ନାଦେଇ ଯାଆନ୍ତି

ଯେତେବେଳେ ସେମାନେ ତୃତୀୟ ଥର ଆସିବେ
ସେତେବେଳେ ଭ୍ରମ ହେବ ଯେ ନାଇଁ ମରି ନାହାନ୍ତି
ଏମିତି ସେମାନେ ଯିବା-ଆସିବା କରୁଥିବେ
ଆଉ ତୁମେ ବାରମ୍ବାର ଏହି ଦୃଶ୍ୟକୁ ଦେଖିକରି
ପରସ୍ପରକୁ କହିବ
ଆମେ ଅତିଷ୍ଠ ହୋଇଯାଉଛୁ
ଗୋଟିଏ ଅତିଷ୍ଠତା ଏବଂ ଗୋଟିଏ ପୈଶାଚିକ ହସ
ଦୁହେଁ ମିଶିକରି ଗୋଟିଏ ଖୁସୀ
ଏବଂ ଗୋଟିଏ ଚିନ୍ତାହୀନତାର ସୃଷ୍ଟି ହୁଏ
ଆଜିର ସମାଜର ମାନସରେ ଏହା ହିଁ ଅଛି
ତୁମେ କହୁଛ ଏହି କବିତାରେ
ଏକଥା ନ ଜାଣିକରି ଯେ
ତୁମେ କେତେ କମ୍ ଏହି ସମାଜକୁ ଜାଣିଛ
କେତେ କମ୍ ଜାଣିଛ ତୁମେ ସେହି ଡରର କାରଣକୁ
ଆଜିର ସଂସ୍କୃତିର ଯାହା ମୂଳ ସ୍ରୋତ
ଆଉ ତୁମେ କ'ଣ ଜାଣିଛ ଅତୀତକୁ ?
ତୁମେ ଜାଣିନ ତୁମର ପୂର୍ବପୁରୁଷ
କେତେ ବର୍ଷଯାଏଁ କେଉଁଠି କେଉଁଠି ଥିଲେ
ପଛକୁ ଚାଲୁଥିବା ବେଳେ
ତୁମେ ହୋଇ ଯାଉଛ ସବୁଠୁ ସମୃଦ୍ଧ ଓ ଶକ୍ତିଶାଳୀ
ନିଜର କୌଣସି ପୂର୍ବଜ ଉପରେ
ତାଙ୍କ ପଛରେ ଚାଲ
ସିଏ କେମିତି ଧନୀ ହେଲେ କେଉଁ ବଡ଼ ଅତ୍ୟାଚାରୀର
ଗୁମାସ୍ତା ହୋଇ କରି
ତାଙ୍କ ବାପା କେଉଁଠୁ ରନ୍ଧି ଜିନିଷ ଗୋଟାଉ ଥିଲେ
ଆଉ କାହା କାହା ଆଗରେ କାକୁସ୍ଥ ହେଉଥିଲେ
ତୁମର ଆଦି ପୁରୁଷ ଗୋଟିଏ ଅବୈଧ ସନ୍ତାନର
ଧିକ୍କାର ଭରା ଜୀବନ ଜୀଇଁ କରି କେମିତି ବଡ଼ ହେଲା
ତୁମେ ଜାଣିନ

ତୁମକୁ ଜଣା ନାହିଁ ସିଏ କେତେ ଧର୍ମାତ୍ମା ଥିଲା
ଆଉ ତା ପ୍ରାଣ କେଉଁ ଧରଣର ଯାତନା ସହି ଥିଲେ।

ଯାତ୍ରା ପାଇଁ ଘରୁ ବାହାରିବା କ୍ଷଣରେ
ଗୋଟିଏ ସୁଖ ହେଉଥିଲା
ଆଉ ସହର ଛାଡ଼ିବା ମାତ୍ରେ ଗୋଟିଏ ପଶ୍ଚାତାପ
ଯାହାକୁ ତୁମେ ପଛରେ ଛାଡ଼ି ଆସିଛ
ସେମାନଙ୍କ ପ୍ରତି ତୁମ ବ୍ୟବହାର ଠିକ୍ ନ ଥିଲା

ନିର୍ଦ୍ଦୟ ଥିଲା ଲୋଭୀ ଥିଲା
ସେମାନଙ୍କ ସହ ରହି କରି ନିଜ ହିତରେ ଲିପ୍ତ
ଆଉ ସେମାନେ କେବଳ ଯାଇ ନ ପାରିବା ଦ୍ୱନ୍ଦ୍ୱରେ
ରହୁଥିଲେ ତୁମ ସହିତ
ଏବେ ବି କ'ଣ ସେମାନେ ମୁକ୍ତ
ତୁମେ ଚାଲିଯିବା ପରେ ?
ନା
ସେମାନେ ଜାଣିଛନ୍ତି ଯେ ତୁମେ
ପୁଣି ଫେରି ଆସି
ସେହି ରୁଗ୍ଣ ସମ୍ବନ୍ଧକୁ ପୁଣି ଗଢ଼ିବ
କହନ୍ତି ସେମାନେ ଆମେ ବହୁତ ଅସହାୟ
ଏହି ଘର ଉପରେ କ୍ରୋଧ କରନି
ଭଗ୍ନ ପିଲାଙ୍କର ସାହାରାରେ କ୍ରୋଧ ତୁଟି ଯାଉଛି
ସମୟ ହିଁ କରିବ ଦୁଃଖ ଦୂର ଏମିତି କହୁଛ
ଆଗାମୀ ସମୟ କେତେ ଲଦି ହୋଇ ରହିଛି
ଅନ୍ୟାର ବୋଝରେ
ଏହି ଦୁଃଖକୁ କାଟିବ
ଅନ୍ୟାୟର ଶିକାର ପାଇଁ ସମାଜ ମନରେ
ଯଦି ଜାଗା ନ ଥିବ

ଗୋଟିଏ ତୀବ୍ର ଘୃଣା ଆଉ ସାଧାରଣ ଲୋକମାନଙ୍କଠୁ
ପ୍ରତିଶୋଧ ନେବାର ଭାବନା
ଏହି ସବୁ ମୂକ ବଧିର ଉଚ୍ଚ ଘର ଗୁଡ଼ିକୁ
ତିଆରି କରି ଚାଲିଯାଏ
ଏହି ସଂସ୍କୃତି ଏହି ଧରଣର ସହର ବଢ଼ିବ

ଆମେ ଉପନ୍ୟାସରେ ମଣିଷର କଥା କହିବା
ଆଉ କେବେ କହି ପାରିବାନି
ଶୃଙ୍ଖଳା ଗୋଡ଼କୁ ଘୋଷାଡ଼ି କରି
ଖୁଣ୍ଟ ପାଖକୁ ଆସି ବସି ରହିଥିବା ପିଲାଟି ଆଗରେ
ପଡ଼ିଥିବା ପାତ୍ରଟିର ଅର୍ଥ
ଆମେ ଲେଖୁଛି ଯେ
ତା ସ୍ମୃତିରେ ଏବେ ଗୋଟିଏ ଚିତ୍କାର
ଆଉ ଅନୁନୟର ହିଂସାଭାବ ରହିଛି
ତା'ଆଖିରେ ଅଛି କାଲିର ଲୁଟ୍‌ପାଟ୍
ଆଉ ପଳାୟନର ଉତ୍କୀର୍ଣ୍ଣ ଇତିହାସ
ତା ଭିତରେ ରହିଛି ଶବ୍ଦରହିତ ଭୟ
ଏବଂ ଆହତ ଅଗ୍ନି
ଏହା ତ ଆମେ ଲେଖୁଛି
କିନ୍ତୁ ସେହି ବ୍ୟକ୍ତିର ଭିତରେ ଅଛି ଯେଉଁ ଶବ୍ଦ
ତାହା ଆମେ ଜାଣିନୁ
ଯେଉଁ ଶବ୍ଦ ଆମେ ଜାଣିଛୁ
ତା'ର ଅଭିବ୍ୟକ୍ତି ନୁହେଁ ଆମର ବିଜ୍ଞାପନ

କେତେ ନିଷ୍ଠାର ସହିତ ଦେଖୁଛି ସେହି ଝିଅଟି
ଦର୍ପଣକୁ
ସେହି ଝିଅ ଯିଏ ବହୁତ ସୁନ୍ଦରୀ ନୁହେଁ
କିନ୍ତୁ ତା ଭିତରେ କିଛି ଅଛି ଯାହା ସୁନ୍ଦର
କିଏ ଚିହ୍ନିବ ସେ ସେଗୁଡ଼ିକ କ'ଣ ଯାହା ସୁନ୍ଦର ?

ସିଏ ନିଜେ
ସିଏ ନିଜେ ଦର୍ପଣରେ ଯାହା ପଢ଼ିବ ତାହା ହିଁ
ହେବ ସତ
ନଚେତ୍ ଆଉ ଯାହା ହେବ
ତାହା କୌଣସି ବଡ଼ ରାଷ୍ଟ୍ର ଦ୍ୱାରା
ଆଦିବାସୀମାନଙ୍କ ଭିତରେ ମିଳୁଥିବା
ବିଚିତ୍ରତାର ଆବିଷ୍କାର ହେବ

ଏମିତି ଗୋଟିଏ ସମୟ ଦେଇ ଦୁନିଆ ଗତି କରୁଛି
ଯେଉଁଥିରେ ପ୍ରତ୍ୟେକ ନୂଆ ଶାସକ
ପୁରାତନଙ୍କର ପାପକୁ
ଆଦର୍ଶ ମାନୁଛି
ଆଉ ଜନ ବଞ୍ଚିତ ଜନ ଯିଏ କିଛି ବି କରୁଛନ୍ତି
କାମଦାମ ରାଗରଂଗ
ସେସବୁ ଏମିତି ଶାସକର ବିରୋଧ ବିଚାର ହୁଏ
ଏହି ସଂସ୍କୃତି ତାକୁ ପୋଷୁଛି
ଯିଏ ସତ୍ୟକୁ ଦେଖି ବିରକ୍ତ ହୁଏ
ଦେହ ସଶକ୍ତ ଆଉ ଦାନଶୀଳ, ଧୀର
ବିସ୍ତାରିତ ହୋଇ ଯିଏ ଉଗ୍ର ହେଉଛି
ତାକୁ ସେହି ସମୟରେ ସାଙ୍ଗେ ସାଙ୍ଗେ
ମାରି ଦେଉଛି

ନିଜ-ନିଜ ଗାଆଁର ନାଆଁ ନ ନେଇ
ସେମାନେ ଲକ୍ଷ୍ନୌର ନାଆଁ କହୁଛନ୍ତି
ଯେଉଁଠାକୁ ସେମାନେ ଚାକିରି କରିବାକୁ ଆସିଥିଲେ
ଯେମିତି ସେଇଠି ଜନ୍ମ ହୋଇଛନ୍ତି
ଆଉ ବଡ଼ ହୋଇଛନ୍ତି
କାହିଁକି ନା କେମିତି ଭାବରେ ଆଧୁନିକ ହେବାକୁ ହେବ
ଆଉ ତା'ପରେ ଦିଲ୍ଲୀ ସେମାନଙ୍କୁ ଆକର୍ଷିତ କରି

ଅତଳ ଗଭୀରତାକୁ
ସେମାନଙ୍କର ଆଧୁନିକ ହେବାର ଅଭିଳାଷାକୁ
ମିଟାଇ ଦେଉଛି

ସୁଦୂର ସହରରୁ ଚିଠି ଆସିଛି
ଲେଖା ଯାଇଛି ଗୁଡ୍ଡନର ମା'ର ସ୍ୱର୍ଗବାସ ହୋଇଛି
ଲେଖାଯାଇନି ଯେ କୋଡ଼ିଏ ବର୍ଷରୁ
ସିଏ ବିଧବା ଥିଲା
ତା'ର ସେହି କୋଡ଼ିଏ ବର୍ଷର କଥା
କେହି ଲେଖନ୍ତିନି
କାହିଁକି ନା କୋଡ଼ିଏ ବର୍ଷ
ଏକା ସାଙ୍ଗରେ
ଭାଷାର ନପୁଂସକତା ସବୁବେଳେ ବସିଯାଏ
ସମୟ ଆଗରେ

ଛୁଅଁ ପୋଷ୍ଟକାର୍ଡ଼କୁ
ସେଥିରେ ଥିବା ଦି'ଧାଡ଼ି ପ୍ରସଙ୍ଗହୀନ
ସମାଚାରକୁ ପଢ଼
ଆଉ ଚେଷ୍ଟା କର ସେହି ସହରର ମରୁଡ଼ିର
ଠିକଣା କାଳେ କେଉଁଠି ମିଳିଯିବ ଅକ୍ଷରରୁ
ମିଳିଯିବନି ସେହି ସଫାସୁତୁରା ସାଜସଜ୍ଜା
ଗୋଟିଏ ଅଜବ ଉପାୟରେ
ଲେଖିବା ଲୋକ ସମ୍ଭବତଃ ମରି ଯାଇଥିଲା
ବଞ୍ଚି ରହିଥିଲା ଖାଲି ଧୈର୍ଯ୍ୟ

ଦେଖ ନିଜ ପିଲାମାନଙ୍କର ଦୁଃଖକୁ ଦେଖ
ଯେତେବେଳେ ସେମାନଙ୍କ ଦେହକୁ ଦେଖୁଥିବ
ନିଜକୁ ଦେଖ
ସେହି ମୁଦ୍ରା ଯାହା ତୁମର ବାରମ୍ବାର

ସେମାନଙ୍କ ଉପରେ ଆସି ଯାଉଛି
ହାଡ଼ ଯେଉଁଥିରେ ସେମାନେ ଗଢ଼ା-ଗୋଟିଏ ପରିବାରର
ଆଉ ପିଲାଦିନର ଖୁଜୁବୁଜୁ ହାତର
ସାମାନ୍ୟ ଝଲକ ବି

ନାଚ ଗୀତ ଆଉ ଭୋଗବିଳାସ
ଅୟସୀ ବର୍ଗର ପୁଅଝିଅଙ୍କର ଅବସର ବିନୋଦନ
ତା'ପରେ କ୍ରମଶ ସେମାନଙ୍କର ପ୍ରଭାବ
କ୍ଷୟ ହୁଏ
ଆଉ ଏହି ସମାଜରେ ସେଇଠି କେଉଁଠି
ପ୍ରବେଶ କରନ୍ତି
ବିଚ୍ଛିନ୍ନତା, କ୍ଷତି ଏବଂ ହିଂସା ପାଲଟି କରି
ଗୋଟିଏ ବଡ଼ ଷଡ଼ଯନ୍ତ୍ର ମଝିରେ
ନିଜ ଘରେ ରହୁଥିବା ଲୋକମାନଙ୍କ ସହିତ
ସମ୍ବନ୍ଧ ଯୋଡ଼
ଆଉ ସୁଧାର
ଘରେ ରହିପାରିବନି ସାରାଦିନ
କିଛି ଦୁଃଖ ବାହାରୁ ନେଇ ଆସିବେ ତୁମ ଘରକୁ
ଘରର ଲୋକମାନେ
ଆଉ ଲୋକମାନଙ୍କୁ ବି ବାରମ୍ବାର
ଘରୁ ବାହାରକୁ ଯିବାକୁ ହେବ

କିଛିଦିନ ଆଗରୁ ଶିକ୍ଷା ବିଭାଗ ଘୋଷଣା କରିଛି
ଛାତ୍ରବୃତ୍ତି ପାଇଁ ଯୋଗ୍ୟତାରେ ସାମିଲ ହେବ
ଯେ ଛାତ୍ରର ପିତାର ହତ୍ୟା ହୋଇଯାଇ ଥିବ

ସାବଧାନ, ନିଜ ହତ୍ୟାର ତାକୁ ଏକ ମାତ୍ର
ସାକ୍ଷୀ ହେବାକୁ ଦିଅନି
ଏକମାତ୍ର ସାକ୍ଷୀ ଯିଏ ହେବ
ତାକୁ ଶୀଘ୍ର ମାରିଦିଆ ଯିବ। ■

ଚିହ୍ନିବା

ଅଚାନକ କୌଣସି ଚେହେରାକୁ ଦେଖି କରି
ମୋତେ ଯେତେବେଳେ ଲାଗେ ଯେ ଇଏ ସେହି
ସେତେବେଳେ କିଛି ସମୟ ପରେ
ମୁଁ ଭଲଭାବରେ ଦେଖି ଜାଣିଯାଏ ଇଏ ସିଏ ନୁହେଁ
ଦୁହିଁଙ୍କ ଭିତରେ ଏହି ତୁଳନା ଏମିତି ପ୍ରକ୍ରିୟା
ଯାହା ଜୀବନ ଦେଇ ଯାଏ
ଅସ୍ତିତ୍ୱକୁ ସିଏ ମୋଠୁ ଛଡ଼ାଇ ନେଇ ପାରିବନି।

■

ନିମନ୍ତ୍ରଣ

କିଛି ନିମନ୍ତ୍ରଣ ଯେଉଁମାନଙ୍କ ପାଖରେ ପହଞ୍ଚିନି
ତାଙ୍କର ଚିକ୍କଣ କାଗଜ ପଛରେ ମୁଁ ଲେଖିବି
ଯେ ମୁଁ ଏବେ କ'ଣ ଚାହେଁ

ଦୂରରେ ସେହି ଘରେ କେତେ ଭଲ
ହସ ଖୁସୀର ଦିନ କଟାଇଛି
ହସ ଆଉ ଖୁସୀ, ରହ
ମୋତେ ପଡ଼ି ରହିବାକୁ ଦିଅ ଏଇଠି ଦୂରରେ

କ'ଣ ଏହା କହୁଛି ଯେ ମୁଁ ବଞ୍ଚି ରହିବାକୁ ଚାହୁଁନି ?
ରହ, ଏହା ଅନିଶ୍ଚିତ ଥିଲା
କାହିଁକି ମୁଁ କହିଦେଲି
ଯେତେବେଳଯାଏଁ ସ୍ଥିର ହୋଇନି ମୁଁ କ'ଣ ଚାହୁଁଛି
କେହି ପଢ଼ନି
ଆଉ ଯଦି ପଢ଼ ତ ସେଥିରେ ଛପା ଯାଇଥିବା ନିମନ୍ତ୍ରଣକୁ ହିଁ ପଢ଼
ଯେଉଁଠିକୁ ମୁଁ ଯାଇନି ।

■

କାର୍ଯ୍ୟାନୁଷ୍ଠାନ

ସେହି ବୁଢ଼ୀ ସ୍ତ୍ରୀଲୋକର ଜୀବନ ଦୁଃଖର କାହାଣୀ
ଆଉ ସେହି ତରୁଣଟି ପାଖରେ ସମୟ ନାହିଁ
ସିଏ ହୁଏତ ମୃତ୍ୟୁର ପାଖାପାଖି ହୋଇ ଗଲାଣି
କିନ୍ତୁ ଧାଉଁନି
ହଁ ସିଏ ହୁଏତ ଧାଇଁ ଧାଇଁ ଧକ୍କା ଖାଇ କରି ମରିବ

ଏହା ହିଁ ସମୟ କିଛି କର ତରୁଣ
ଆଉ ସେହି ବୁଢ଼ୀଟିର ଦୁଃଖଭରା ଜୀବନରେ
ପ୍ରବେଶ କରି ଯାଅ
ଏହା ହିଁ ମୃତ୍ୟୁର ବିରୁଦ୍ଧରେ
ଆପଣା ମୃତ୍ୟୁର ବିରୁଦ୍ଧରେ
ଗୋଟିଏ କାମ ଯାହା ତୁମେ କରି ପାରିବ।

କବିତା

କବିତାର ସୃଷ୍ଟି ସେତେବେଳେ ହୁଏ
ଯେତେବେଳେ ବିଷୟ ଦୂରରେ
ଆଉ ବସ୍ତୁ ନିକଟରେ ଥାଏ
କବିତା ଏକେଲା ଯାହା କରେ
ଆଉ ଯେତେବେଳେ ଆମେ ବହୁତ ଧରଣର
ଅନ୍ୟ କାମ କରୁଥାଉ
ତେବେ ସେଥି ଯୋଗୁ କବିତା ଉପରେ ବାଧା ପଡ଼େନି
ସେ ସେଗୁଡ଼ିକ ଭିନ୍ନ ଧରଣର କାମ
ବରଂ ଏଇଥିପାଇଁ ଯେ ସେମାନେ
ସବୁବେଳେ ଆମକୁ ବାଧ୍ୟ କରୁଥାନ୍ତି
ଯେ ଆମେ ଅନ୍ୟମାନଙ୍କ ସହିତ କାମ କରୁ
ଯେତେବେଳେ କବିତା ଏକେଲା ହିଁ
କାମ କରିବାର ଦାବୀ କରିଥାଏ ।

■

ଶେଷ ବେଳ

ମୁଁ ସବୁ ପୁରୁଣା ଲୁଗା ହଟେଇ ଦେଲି
ଯାହା ରଖା ଯାଇଥିଲା
କାଳେ ହୁଏତ ଦରିଦ୍ରତା ପୁଣି ଆସିଯିବ
ସେଗୁଡ଼ିକ ସ୍ଥାନରେ ନୂଆ ଲୁଗା ଆସି ଯାଉ
ଏହା ଚାହିଁଲି
ସେହି ଇଚ୍ଛା ଶେଷବେଳର ଇଚ୍ଛା ପରି
ମନେ ହେବାକୁ ଲାଗିଲା ।

■

ଆସନ୍ତା କାଲି

ମୋର ମନେ ରହୁନୁ ସେହି କ୍ଷଣ
ଯେବେ ଅକସ୍ମାତ ଗୋଟିଏ ନୂଆ ଶକ୍ତି ମିଳିଯାଏ
କୌଣସି ଗୋଟିଏ ଛୋଟ ସତ ଧରା ପଡ଼ିଯିବା ପରେ
ସେହି କ୍ଷଣ ଗୋଟିଏ ବଡ଼ ସତ ଭିତରେ
ହଜି ଯାଉଛି

ନିଶ୍ଚୟ ଯେଉଁମାନେ ବଡ଼ ଅନୁଭବକୁ ପାଇବା ବିନା
ସବୁ ଜାଣନ୍ତି
ଖୁସୀ ଅଛନ୍ତି
ମୁଁ ପ୍ରତିଦିନ ଥକି ଯାଉଛି ଆଉ ମୋର
କୌଣସି ଇଚ୍ଛା ନାହିଁ
ନିଜକୁ ବଦଳାଇବାର ମୂଲ୍ୟ
ଏହି କ୍ଳାନ୍ତିକୁ ଦେଇ ପରିଶୋଧ କରିବା ପାଇଁ

ଏହାକୁ ମୋ ପାଖରେ ରହିବାକୁ ଦିଅ
ଇଏ ମନେ ପକେଇ ଦେବ
ଯେତେବେଳେ ମୁଁ ବଦଳୁଛି
ଗୋଟିଏ ବଦଳୁଥିବା ପରିସ୍ଥିତିର ହୋଇଯାଉଛି
ଗୋଟିଏ ଅଂଶ

ଅଦ୍ୱିତୀୟ ଆପଣା ଭିତରେ
କିନ୍ତୁ ସର୍ବସାମାନ୍ୟ ଭାବରେ

ପ୍ରତ୍ୟେକ ଥକା ଚେହେରାକୁ ତୁମେ
ଭଲ ଭାବରେ ଦେଖ
ସେଥିରେ କେଉଁଠି ଲୁଚିକରି ରହିଥିବ ଗତକାଲି
ଆଉ ଆସନ୍ତା କାଲି ବି ସେଇଠି
କେଉଁଠି ଥିବ।

ବିଚରା ବକ୍ତା

ତା'ର ପ୍ରତି କଥା ବ୍ୟବସ୍ଥାରେ
ବନ୍ଧା ହୋଇ ରହିଛି
ଏଥିରୁ ଆଶା ରହିଛି ଯେ
ବହୁତ ଦିନ ଯିବ
ଏଇ ମୁହୂର୍ତ୍ତରେ। ସିଏ କହୁଛି
ବିନା ରୋକି ସେହି ଗୋଟିଏ କଥା
ଏହା ହିଁ ସମୟ
ନିଜର ସେହି କବିତା ଲେଖ
ଯାହା ହାଲ୍କା ଭାବରେ କେଉଁଠି ମିଳିଥିଲା

ତୁମେ ଘାଇରେ ଥିଲ
ଆଉ ତାକୁ ଅନ୍ୟ ବେଳ ପାଇଁ ରଖିଦେଇ
ଚାଲି ଯାଇଥିଲ
ସିଏ ପୁଣି ଆସି ଗଲାଣି
ଏହି ଆକ୍ରମକ ସଭ୍ୟତାରେ ଫାଟ ଦେଖିବା କ୍ଷଣି
ଆଉ ସିଏ ନିଶ୍ଚିନ୍ତ ମୋଟା ସତେଜ ଗେଡ଼ା
ଲୋକଟି ଯିଏ ଦେଖାଯାଉଛି
ତା'ର ଭୂମିକା କିଏ ସେ ରଂଗମଞ୍ଚରେ
କରି ପାରିବ ଚିନ୍ତା କର
ଯଦି କବିତା ନ ଲେଖ
ଆଉ ଭାଷଣ ନ ଶୁଣ

ଯେତେବେଳେ ସିଏ କହିସାରି ବସିଲା
କବି କବିତା ପଢ଼ିଲେ
ସମସ୍ତେ ଶୁଣି କରି ସ୍ତବ୍ଧ ହେଲେ
ଆଉ ଅନ୍ତିମ ପଂକ୍ତିରେ ସିଏ ହସିଲେ ଯେମିତି
ଚାବି ଖୋଲିଗଲା ଏମିତି ଭାବରେ

ଏହି ଭ୍ରମରେ ରହନି ଯେ
ସିଏ ଭୁଲ ବୁଝିଛି
ତା'ର ଅନ୍ତର୍ଦ୍ୱନ୍ଦ୍ୱକୁ ବୁଝି- ସିଏ ପ୍ରତ୍ୟେକ ଥର
ଧାରାପ୍ରବାହ ଭାଷାରୁ ମୁକ୍ତ ହେଉଛି ।

ଦୟାଶଙ୍କର

ଏହି ବଡ଼ ସହରରେ ଅନେକ ନାଗରିକ ରହନ୍ତି
ତାଙ୍କ ଭିତରୁ ଜଣକର ନାଆଁ ଦୟାଶଙ୍କର
ସିଏ ଗୋଟିଏ କଚେରୀରେ କିରାଣୀ କାମ କରେ
ଶହେ ଦଶଟଙ୍କା ଦରମା ଘରକୁ ଆଣେ

ତା' ଘରେ ଗୋଟିଏ କୋଠରୀ ଗୋଟିଏ ବାରଣ୍ଡା
ସେଠି ସ୍ତ୍ରୀ ଆଉ ପାଞ୍ଚଜଣ ପିଲା ରହନ୍ତି
ସିଏ ବି ରହେ ହେଲେ ରହେ କ'ଣ ଗୋଟିଏ କୋଣରେ
ବସି ରହି ସର୍ବଦା ବିନା କାରଣରେ ମୁଣ୍ଡ ରାଂପୁଥାଏ

ପିଲାଙ୍କୁ ଦୁଇବେଳାର ଡାଲିରୁଟି ଖାଇବାକୁ ଦେଇ
ମୁଣ୍ଡକୁ ନୁଆଁଇ ଦୟାଶଙ୍କରର ସ୍ତ୍ରୀ କହେ
ତୁମେ ଖାଇ ନିଅ, ଥାଳିକୁ ସେଠି ଚଟ୍ଟାଣ ଉପରେ ରଖି
ସିଏ ବଡ଼ ନିୟମ ଅନୁସାରେ ପ୍ରତିମୁଠା ଖାଦ୍ୟକୁ ଚୋବେଇ କରି ଖାଏ

ପିଲାମାନେ ଛୋଟ ଅଛନ୍ତି ତେବେ ଏତେ ବି ଛୋଟ ନୁହଁନ୍ତି
କାହା ସହିତ ମିଳିମିଶି ରହିବ କାହାକୁ ଡରିବ
ସେମାନେ ଖୁବ୍ ଭଲ ଭାବରେ ଜାଣନ୍ତି କେବେ କ'ଣ କହିବା ଉଚିତ୍
କେବଳ ଗୋଟିଏ ପିଲା ଅଛି ଯିଏ କହୁଛି ଦରୋଟି କଥା

ସେଦିନ ରାତିରେ ବିଛଣା ଉପରେ ଟିକିଏ ଲାଜେଇ କରି
କିରାଣୀର ସ୍ତ୍ରୀ କିରାଣୀକୁ କହେ ମୋ କଥା ଶୁଣ
ପୁଆ ଖାଇବାକୁ ମୋ ମନ ଯେତେବେଳେ ହେଉଛି
ସେତେବେଳେ ତାହା ମୋତେ ଦୁଷ୍କର ଲାଗୁଛି

ଏହି କଥା ଦୟାଶଙ୍କର ଦୁଃଖର ସହିତ ଶୁଣିଲା
ସାତ ଜଣଙ୍କ ଲାଗି କେଉଁଠୁ ପୁଆ ଆଣିବ
ସିଏ ଚୁପ୍ ହୋଇ ଶୋଇ ରହିଲା ଏଇଥିପାଇଁ ଯେ
ତା ସ୍ତ୍ରୀ ଭାବି ନେଇଥିଲା ପତି ନିଶ୍ଚେ ଘରକୁ ପୁଆ ଆଣିବେ

ତା'ପରେ କିଛି ବେଳ ଅପେକ୍ଷା କରି ସ୍ତ୍ରୀ କହିଲା
ଏବେ ଉଠିଯାଅ ଆମେ ପୁଆ ଭଜା ଖାଇବା
ମିଠା ନିଦରେ ପିଲେ ଶୋଇଛନ୍ତି ପରସ୍ପର କଜିଆ କରି କରି
କେବଳ ଦରୋଟି କଥା କହୁଥିବା ପିଲାଟି ବେଳେବେଳେ କାନ୍ଦୁଛି

ସିଏ ଉଠିଲା ଆରେ ସିଏ କେଡ଼େ ସୁନ୍ଦରୀ ଲାଗୁଥିଲା
କ୍ଷୀଣ ଶବ୍ଦଟିଏ ମଧ୍ୟ ସିଏ କହିଲାନି
ଏମିତି ଚୁପ୍‌ଚାପ୍ ହୋଇ ସିଏ ଭାଜିଲା ଚାରୋଟି ପୁଆ
ଯେମିତି କୁହାଯାଏ ପୁଆ ହିଁ ହେଉଛି ମଧୁର ମିଳନ

ଦୁହେଁଯାକ ନିଜ ନଜ ଭାଗର ପୁଆ ନେଲେ
ଯେଉଁଠି ଯେମିତି ଥିଲେ ସେଠି ଖାଉଛନ୍ତି ବସି କରି
ଏତିକି ବେଳେ ସବୁ ପିଲାମାନେ ହଠାତ୍ କରି ଉଠିଯାଉଛନ୍ତି
ଉଠୁଛନ୍ତି ହସୁଛନ୍ତି ପୁଣି ଶୋଇ ଯାଉଛନ୍ତି ।

ଚେହେରା

ଏହି ଚେହେରା ଗୋଟିଏ ପୁଅ ପରି
ହୋଇ ଚାଲିଛି
ସମ୍ଭବତଃ ଏହା ଗୋଟିଏ ଝିଅର ବନ୍ଧନରୁ
ମୁକ୍ତିର ପ୍ରଥମ ଉପାୟ
ହେଲେ ପୁଅ ପରି ଚେହେରା
ନିଜ ଭିତରେ କିଛି ନୁହେଁ
ତା ସହିତ ଦାମିକା ଲୁଗା ଆଉ ଇଂରେଜୀ
ଭାଷାର ଦରକାର
କିନ୍ତୁ ଏହି ଝିଅଟି ଗରିବ ଘରର
ସିଏ ସ୍ୱୀକୃତ ଗୋଷ୍ଠୀରେ ସାମିଲ୍ ହେବାକୁ ଚାହୁଁଛି
ଆଉ ସେହି ଗୋଷ୍ଠୀର ଝିଅମାନେ
ଯେଉଁମାନେ ପୁଅ ହୁଅନ୍ତି
ସେମାନଙ୍କ ପରି ହେବା ପାଇଁ ଏମାନଙ୍କ ଚେଷ୍ଟା
ଗୋଟିଏ ଦୁଃଖଭରା ପ୍ରୟାସ
କାହିଁକି ନା ସିଏ ଚେହେରା ବଦଳାଇ କରି
ନିଜ ଗୋଷ୍ଠୀର ହିଁ ପୁଅ ହେବ
ଜଣେ ଅଧିକ ଅସହାୟ ବ୍ୟକ୍ତି ହେବ
ହେବ ଜଣେ ଭୟରେ ଆତଙ୍କିତା, ଅସହାୟା
ଝିଅଟିଏ ଖାଲି ।

ଶୈଶବ

ଖୁସୀର ଗୋଟିଏ ଦୁନିଆ ଗୋଟିଏ ଘଡ଼ି ପରି
ବଞ୍ଚି ରହୁଛି
ଅସହାୟ ଜୀବନରେ କେବଳ ଟିକ୍-ଟିକ୍ କରୁଛି
ଆମେ ସମସ୍ତେ ପଚାଶ ବର୍ଷର ହେଲୁଣି
ପରସ୍ପରର ମୁହଁକୁ ଚାହିଁ ଠିଆ ହୋଇଛୁ
ଆମେ ବଞ୍ଚି ଯାଇଛୁ ଆଉ ଏଥିପାଇଁ ଆମର ଗର୍ବ ଯେ
କିଛି ଡର ନାହିଁ
ଯାହାକୁ ଡରୁଥିଲୁ ତା ସହିତ ବନ୍ଧୁତା
କରି ସାରିଲୁଣି
ଲୋକମାନେ ଦେଖୁଛନ୍ତି କେତେ ସୁରକ୍ଷିତ
ଆଉ ସଡ଼କ ଉପରେ ଜଣେ ଅସ୍ତ୍ରଧାରୀ ହାତରେ
ଲୁଣ୍ଠିତ ହୋଇକରି
ମୁହଁରୁ କଥା ବାହାରୁନି
କାହିଁକି ନା ସିଏ କହି ସାରିଛି ଯେ
କେହି ଶୁଣିବେନି

ମୁଁ ସେହି ଗଳିଗୁଡ଼ିକ ପୁଣି ଥରେ ଯିବାକୁ ଚାହୁଁଛି
ଯାହା ଥିଲା ମୋ ଘରର ପଛପଟ ଇଲାକାରେ
ସେହି ବତକମାନେ ତାରପୋଲିନ୍‌ର ପର୍ଦ୍ଦାସମୂହ

କାଦୁଅ ଲିପା କାନ୍ଥ ଗୁଡ଼ିକ
ଆଉ ଗୋଟିଏ ବିଚିତ୍ର ଅନୁଭବର ରାସ୍ତାମାନ
କେତେ ଦିଗକୁ ଯାଇ ଆସି
ମୋର ମହଲା ହୋଇ ଯାଇଛନ୍ତି
ଯେଉଁ ବାଟ ଦେଇ ମୁଁ ପିଲାଦିନେ କେତେଥର କେତେ ଦିଗରୁ ଆସି
ଘରେ ପହଞ୍ଚୁଥିଲି ।

■

ମଧ୍ୟବୟସ୍କା ସ୍ତ୍ରୀଲୋକ

ମୁଁ ଆଗରୁ ଏହି ରୂପ ଦେଖି ନ ଥିଲି
ତୁମେ ଏମିତି ପ୍ରେମ ଆଗରୁ ପାଇ ନ ଥିଲ
ଆମେ ଦୁଇ ଜଣ ଏବେ ଏହି ଭୟକୁ ଚିହ୍ନିବା
ଯେ ଏବେଠୁ ଆମ ଅତୀତ ଅଜ୍ଞାତରେ
ବଦଳି ଯିବ ।

ସ୍ମୃତି

ଏହା ତ ଥିଲା ସଂଯୋଗର କଥା ଯେ
ମୁଁ ଥିଲି ବୟସରେ ଛୋଟ
ଯେଉଁ ସମୟ ଦେଇ ଗତି କରିଥିଲି
ତାହା ବଡ଼ ଥିଲା

ଲୋକମାନଙ୍କର ଆତଙ୍କିତ ଚେହେରା
କେବେ ଫେରିବ
ମୁଁ ମନେ ପକଉଛି
ଶେଷରେ ଜାଣୁଛି
ମୁଁ ବି ସେମାନଙ୍କ ସ୍ମୃତିରେ
ବନ୍ଦୀ ହୋଇ ରହିଛି
କିନ୍ତୁ ଯେବେ ଆମର ଭେଟ ହେବ
ଆମେ ତଳକୁ ଚାହିଁବୁ
ପ୍ରତିଟି ଶରୀର ଗୋଟିଏ ଜୀବନ–ଆଉ ଗୋଟିଏ
ଅଦ୍ବିତୀୟ ଜୀବନ
ହେଲେ କେତେ ଅଛୁଆଁ

ଏବେ ମନେ ପଡ଼ି ଯାଉଛି ସେହି ଶୀଘ୍ର ବିତିଯାଇଥିବା
କ୍ଷଣଗୁଡ଼ିକରେ
କେବେ କୌଣସି ଫାଟରେ
ଗୋଟିଏ ସୁଖର ଦୁନିଆ ଥିଲା।

ମୋ ଭଉଣୀର ହସ
ମୃଦୁ ସୁଗନ୍ଧର ଗୀତ
ତା'ର ଶାଶୁ ଘରକୁ ଯିବା ଆଉ ଖୁସୀ ରହିବା

ତୁମେ ଏବେ ବି ସେହି ପିଲା ପରି
ଯିଏ ନିଜ ଭଉଣୀର ଜୀବନରେ
ଖାଲି ଖୁସୀ ଦେଖୁଛି
ପୀଡ଼ା କ'ଣ ଜାଣିନି।

ବଳାତ୍କାର

ସ୍ତ୍ରୀଲୋକମାନଙ୍କର ଚେହେରା ସମାଜର ଦର୍ପଣ
ପୁରୁଷମାନଙ୍କ ପରି
କିନ୍ତୁ ଯେଉଁ ପୀଡ଼ା ଦେଖାନ୍ତି
ସେଥିରେ ଥାଏ ମଧୁରତା
ପୁରୁଷଗଣ ବିକଳ ହୁଅନ୍ତି
ସ୍ତ୍ରୀଲୋକମାନେ କେବଳ ଚୁପ୍‌ଚାପ୍ ହୋଇ
ଅସହାୟତାକୁ ସହି ନିଅନ୍ତି

କୌଣସି ଶରୀର ନାହିଁ ଯାହା ଭିତରେ ତା'ର ଦୁଃଖ ନ ଥିବ
ତୁମେ ଯେତେବେଳେ ତା ଭିତରେ ପ୍ରବେଶ କର
ଆଉ ତା ସହିତ ଭେଟ ହୁଏନି
ତାହା ହିଁ ବଳାତ୍କାର
ବାକି ସବୁ ପ୍ରେମ
ଆଉ ଦୁଇଜଣଙ୍କ ଭିତରେ କିଛି ସ୍ଥିତି ନାହିଁ।

■

ଲାଭ

ଇତିହାସର ବ୍ୟାଖ୍ୟା କରୁଛି
ସହାନୁଭୂତି ଦେଖାଉଥିବା ଲୋକେ ଶୁଣୁଛନ୍ତି ଆଉ ନିଜର
ଉନ୍ନତି ବିଷୟରେ ଭାବିବାରେ ଲାଗୁଛନ୍ତି
ସେହି ସମୟରେ
ସେମାନଙ୍କର କିଛି ଯାଏ-ଆସେନି ଯେ
ସମୟ ସମାଜ ସହିତ କ'ଣ କରିଛି
ସେମାନେ ଜାଣିବାକୁ ଚାହୁଁଛନ୍ତି ଯେ
ସମୟ ଯେଉଁ ଅବସ୍ଥା କରିଛି ସମାଜର
ସେଥିରୁ ସେମାନେ ସବୁଠୁ ବେଶି
କ'ଣ ପାଇ ପାରିବେ।

କ୍ଷତିପୂରଣ

ସବୁ ଲୋକମାନେ କୌଣସି ନା କୌଣସି ଦୁଃଖରେ
ସହମି କରି ରହନ୍ତି
ଯେତେବେଳେ କାହା ସହିତ କାହାର
ଭେଟ ହୁଏ
ପ୍ରଥମ ଥର ତ ଦୁହେଁଯାକ
ଖେଳ ଖେଳନ୍ତି ଯେ
ପ୍ରଥମେ କିଏ କାହାକୁ ସହାନୁଭୂତି ଦେବ

ଘୃଣା କରି ମୁଁ କିଛି ସୃଷ୍ଟି କରି ପାରିବିନି
ସବୁ କିଛି ଛାଡ଼ିବାକୁ ପଡ଼ିବ ଲେଖିବା ପାଇଁ
ଯେତେ ନିଃସ୍ୱ ହୋଇପାରିବ ସେତେ ହୋଇଯାଅ

ନାରୀ ଯିଏ ପ୍ରେମପାଗଳିନୀ
ମୋ ପାଖରେ ଖରାରେ ବସିଛି
ବସିଛି ଅନ୍ୟ କାହାର ପିଲା ଗର୍ଭରେ ଧରି
ମୋ ଆଡ଼େ ଖାଲି ଚାହିଁ କରି ରହିଛି
ସତେ ଯେମିତି ମୁଁ କିଛି ନୁହେଁ
ଯାହା କିଛି ଦୁନିଆରେ ଅଛି ତାହା କେବଳ
ତା'ର ପ୍ରେମ

କେଉଁ ପୁରୁଷ ଅଛି ଯିଏ ବଞ୍ଚି ଯାଉଛି
ପ୍ରତ୍ୟେକ ଥର
ଯେତେବେଳେ ଶକ୍ତିଶାଳୀ ଲୋକମାନେ
ନିଜ ମନର
ମୁତାବକ ସଂସାର ଗଢ଼ିବାକୁ
ସାମୁହିକ ହତ୍ୟା କରନ୍ତି

କିଏ ଅଛି ଯିଏ ବଞ୍ଚିରହି ପୁଣି ଚିହ୍ନା ପଡ଼େ
ଆଉ ବଞ୍ଚି ରହେ
କିଏ ସେ ସିଏ ଯିଏ ବଞ୍ଚି ତ ରହିଥାଏ
କିନ୍ତୁ ତା'ର ପରିଚୟ ଜଣା ପଡ଼େନି
ଆଉ ସିଏ କିଏ ସେ ଯାହାର ପରିଚୟ ମିଳିବା ପରେ
ତାକୁ ମାରି ଦିଆଯାଏ
ଗୋଟିଏ ଏମିତି ସମୟ ଆସେ ଯେତେବେଳେ
କିଛି କହିବା ବେକାର ହୋଇଯାଏ
କାହିଁକି ନା ସେତେବେଳେ ତା ସହିତ
ନଥାଏ ତା'ର କର୍ମ
ଗୋଟିଏ ଏମିତି ସମୟ ମଧ୍ୟ ଆସେ
କହିବା ବେଳେ ଭ୍ରଷ୍ଟକର୍ମ କରନ୍ତି
କହିବାଠାରୁ ଆଉ କ'ଣ ବେଶି ହେବ କର୍ମହୀନ
କହି ଚାଲିଥିବ ?
ହଁ, ସେଥିରେ ସମୟ ଆଗରେ ଉପସ୍ଥାପିତ
ହେବାର ଆହ୍ୱାନ

ବଡ଼ ହୋଇ ଯାଉଛି ଗୋଟିଏ ଦାସର
ଜୀବନ ପଦ୍ଧତିର ପରିଚୟ
ଯିଏ ଆମକୁ ଶୈଶବରେ ଦୁଃଖର ଦିନ
ଦେଖାଇଥିଲା
ଆଉ ବଢ଼ାଇ ଆଣିଥିଲା

ଏବେ ତା'ର ସୁଖ ନେବାକୁ ଆମେ
ବଡ଼ ହେଉଛୁ
କିନ୍ତୁ ନିଜ ଶୈଶବର ସ୍ମୃତିକୁ
ମନେ ପକଉନୁ
ମନେ ପକଉଛୁ ତ
ସମସ୍ତଙ୍କଠୁଁ ଆମେ ଦୟା ମାଗୁଛୁ

ଆଉ ଆଜି ଯେଉଁ ଶୈଶବ
ସେହି ଦାସତ୍ୱରେ ପେଷି ହୋଇଯାଏ
ଯେଉଁଥିରେ ପେଷି ହେଉଥିଲୁ ଆମେ
ଏହି ଶୋଷକ ସଭ୍ୟତାରେ
ଶାସକ ପକ୍ଷରେ
ମିଳିଯିବା ପୂର୍ବରୁ
ସେମାନଙ୍କୁ ଆମେ କହୁଛୁ
ଦେଖ, ଆମକୁ ଦେଖ, ଆମ ଉପରେ ବିଶ୍ୱାସ କର
ଆମେ ବି ଶୈଶବରେ ଏମିତି ଦୁଃଖ ସହିଛୁ

ଏହା ହେଉଛି ଗୋଟିଏ ପ୍ରମାଣ ପତ୍ର
ଯାହାର ଆଧାର ଉପରେ
ଆମେ ମଧ୍ୟବୟସରେ
ସେହି ଶୋଷଣ ସହିତ ସହଯୋଗ କରି ପାରିବୁ
ଶାନ୍ତିର ସହିତ

ବୁଦ୍ଧି ଆଉ ଅନୁଭବ କରି ଯାଆନ୍ତି ସନ୍ତୁଳିତ
ଜୀବନର ଅର୍ଥର ସଂକ୍ଷିପ୍ତ ସାରାଂଶ ନେଇ
ଆମେ ଖୁସୀ ରହୁ
ଆଉ ସବୁ ଭୁଲିଯାଉ

ସ୍ତ୍ରୀ ମରିଗଲା
ଛୋଟ-ଛୋଟ ପିଲାଙ୍କୁ ଛାଡ଼ି କରି
ଆଉ ଏହି ଘଟଣାକୁ
ଏହି ମଧ୍ୟବୟସରେ ଦେଖି କରି
ପିଲାଙ୍କ ଖାଇବା ବିଷୟକୁ ନେଇ
ଚିନ୍ତାରେ ପଡ଼ିଗଲା ମୋର ମନ
କେତେ ସହଜ ଥିଲା ପ୍ରେମକୁ ଛାଡ଼ି
ପଇସାର ଶରଣରେ ଆସିଯିବା
ପ୍ରେମ, ଯାହା ସମାଜରେ ନ୍ୟାୟର ଲଢ଼େଇ
ଅର୍ଥ, ଯାହା କେବଳ କ୍ଷତିପୂରଣ ମୃତ୍ୟୁର।

ଖରାର ଇତିହାସ

କ'ଣ କରୁଛ ଏଠି ପାର୍କରେ ବସି ତୁମେ ଯେତେବେଳେ ତୁମକୁ ଏହି ବୟସରେ କୌଣସି ଚୌକିରେ ଲଦି ହୋଇ ଅଥବା ସିଧା ହୋଇ କଲମ ରଗଡ଼ିବାର ଦରକାର।

ଗୋଟିଏ ହସ୍ତାକ୍ଷର କିମ୍ବା ଗୋଟିଏ ଟାଲଟୁଲ ନୀତି ଭିତରେ ପାର୍ଥକ୍ୟ ବା କ'ଣ ଯେତେବେଳେ ଦୁହେଁ ପରସ୍ପର ସହିତ ଯୋଡ଼ି ହୋଇ ଯାଆନ୍ତି।

ଏହି କବିତା ତୁମେ କାହିଁକି ଲେଖିବାରେ ଲାଗିଛ ଗୋଟିଏ ଘଷାପିଟା ଶୈଳୀରେ ଧାଉଁଥିବା ଗଦ୍ୟର ପଂକ୍ତିଗୁଡ଼ିକୁ: କେହି ନିଶ୍ଚୟ ଆଗରୁ ଚେଷ୍ଟା କରି ସାରିଥିବ, ହେଲେ ଏହା ନୂଆ କାହିଁକି ନା ମୁଁ ଏଗୁଡ଼ିକୁ ପ୍ରଥମ ଥର ଲେଖୁଛି: ଆଉ କେମିତି ପଂକ୍ତିର ଆରମ୍ଭରେ ଆସିଯାଇଛି ପ୍ରଥମ ଥର କେତେ ବଡ଼ ଧରଣର ଭରସାରୁ ଜାଣୁଛି ଏହି 'ଛି' ତ ଶେଷରେ ଆସିଲା (ଅଛି ବି ଥିଲା) ଦେଖ କଥାଟା ଏଇୟା ଯେ ପୁଣି ତରେ ମୁଁ ଚିହ୍ନୁଛି ନିଜକୁ ବାକି ସମସ୍ତଙ୍କୁ କିନ୍ତୁ ଏବେ ମନେ ରହୁ ଛନ୍ଦର ଆବଶ୍ୟକତା ନାହିଁ ତାହା ସବୁ ପକ୍ଷୀମାନଙ୍କର ଅତି ଏକାନ୍ତ କଳରବକୁ ନଷ୍ଟ କରି ଦେବ ଆଉ ଏହି ସବୁଜ ବଲ୍କଲ ଥିବା ଗଛ ଏତେ ଖୋଲାପଣକୁ ତ ପ୍ରଥମେ ଚିହ୍ନିଥିଲି ଏତେ ଆକାଶ ଓ ଅବକାଶ ଦୁହେଁ ଏଯାଏଁ ବଞ୍ଚିଛନ୍ତି (ପୁଣି ସେହି ଛନ୍ଦ!) ଯେଉଁଠି ଏହି ଧରଣୀ ଉପରେ ଶୋଷଣର ଇତିହାସରେ ଗୋଡ଼ ରଖିକରି ବସିବା ଜାଗାରେ ଗୋଟିଏ ଜାଗାରେ ଠିଆ ହୋଇ ଚାଲୁଛି ଏବେ ଉଠିକରି ବି ଚାଲିବି କେବଳ ଅତୀତକୁ ନୁହେଁ ଯେଉଁଠି ଠିଆ ଠିଆ ଯାଇଥିଲି ଭବିଷ୍ୟତରେ ବି ଯିବି ଏଠୁ ସେଯାଏଁ ଯେତେବେଳ ପର୍ଯ୍ୟନ୍ତ ଶରଣ ରହିଛି କିନ୍ତୁ ଯାହା କରୁଛି ତାହା ପଳାୟନ ନୁହେଁ ଖୋଲା ଖରାରେ ରହିଥିବା ଏହି କଥା କାହିଁକି ମୋତେ ଲେଖିକରି

ଜଣାଇବାକୁ ପଡୁଛି ।

କେତେ ବର୍ଷ ଆଗରୁ ଏକଥା ଭାବି ପାରି ନଥାନ୍ତି ଯେ ଯଦି କେହି ଆପଣା ସମୟ ପ୍ରତି ଦାୟିତ୍ୱ ତୁଲାଉ ନ ଥିବ ଦିନେ ମୁଁ ତା'ର ଉତ୍ତରଦାୟୀ ହେବି ମୁଁ କେବଳ ନିଜ କାମ କରୁଛି ଏହା ମୋର କାମ ଏହା ଯଥେଷ୍ଟ କେବେ ଭାବିଥିଲି କିନ୍ତୁ ସେହି କଥା ଆଉ ଆଜି ମୁଁ ମୋ ପିଲାଙ୍କର ଧୀରେ ଧୀରେ ବଡ଼ ହେବାରେ କେତେ ମୋର ଅନୁଭବ କେତେ ମୋ ପତ୍ନୀର ବିଚାର କେତେ ଆମ ଦୁହିଁଙ୍କର ପିଲାଦିନର କଥାର ଅନ୍ତରାଳ ଗୋଟିଏ ସ୍ଫଟିକ ପଥର ପରି ଠିଆ ହୋଇଛି ତା ଉପରେ ଚଢ଼ିକରି ମୁଁ ଏପରିକୁ ଚାଲିଯାଉଛି ପାଦ ତଳେ ନିଜର ବିକିରିତ ଛାଇ ଚିହ୍ନଟ ହେଲା ଏହି ଶରୀର ଗୋଟିଏ ଦୁଇଟଇ ବଡ଼ ବଡ଼ ରୋଗ ସତ୍ତ୍ୱେ ସେବେଠୁ କେତେ ବେଶି ଟଗଡ଼ା ଆଉ ମୋର ବାସନା ଆଗ ତୁଳନାରେ କେତେ ବେଶି ତୀକ୍ଷ୍ଣ ସ୍ୱର ସୃଷ୍ଟି କରେ ଚିତ୍କାର ପାଣିରେ ବୁଡ଼ି କରି ପ୍ରତିଧ୍ୱନି କାତର କରି ଦେଇଯାଏ ମୁଁ କେତେଥର କାନ୍ଦିଛି ଏମିତି ଏକାନ୍ତରେ କେବେ ନୁହେଁ ଯୌବନର ଦିନରେ ଯାହା ଥିଲା ପୁଣି ବି ଏହି ଗୋଟିଏ କ୍ଷଣକୁ ମୁଁ ଜାଣେ ଯେ ଗୋଟିଏ ବଡ଼ ମୂଲ୍ୟ ଶୁଝିବାକୁ ବାକି ଅଛି ଗୋଟିଏ ଅନ୍ଧାରୁଆ ଗୁମ୍ଫାର ମୁହଁ ପାଖରୁ ପିଲାଙ୍କଠୁ ବିଦା ନେଲା ପରି ଲାଗେ ।

ଧନ୍ୟବାଦ ଧନ୍ୟବାଦ ସବୁଜ ନିର୍ଜନତା । ସେହି ନାରୀ ପଛରୁ ଉଠେ ଆଉ ଯାହା ସବୁ ଏକାଠି କରି ରଖେ ସେସବୁ ଖାଇବାପାଇଁ ଥିବା ପାତ୍ର ନୁହେଁ ଗୋଟିଏ ଚାଦର ଖରାରେ ଆଖି ଉପରେ ଢାଙ୍କିବା ପାଇଁ ଆଣିଥିଲା ସେଥିରେ ପିଲାମାନଙ୍କୁ ଡାକେ ଖରା ଢ଼ଳିଲାଣି ଏବେ ଘରକୁ ଯିବାକୁ ହେବ ନା ତାହା ଖାଲି ଖରା ଯେଉଁଠି ଅଛି ସେଠି ଜାଗା ବଦଳୁଛି । ଧନ୍ୟବାଦ ଧନ୍ୟବାଦ ମୁଁ ବି ଆହୁରି ବସିଥାନ୍ତି କିନ୍ତୁ ଅତିଷ୍ଠ ହେଲିଣି । ନମସ୍କାର ।

■

ବେଖାତିର ଭାବ

ସହସା ସ୍ୱର ବଦଳାଇ ଦେଇ
ସିଏ କହିବାକୁ ଲାଗିଲା
ସିଏ ନିଜ ପୁସ୍ତକର ପାଠକୁ
ଚଟାପଟ୍ ପଢ଼ିବାରେ ଲାଗିଲା
ଏହା ତ ଥିଲା ବେଖାତିର ଭାବ
ତା'ର ଉତ୍ସାହ ପୂର୍ଣ୍ଣ ବୟସରେ
ନିଜ ଉପରେ ଏଯାଏଁ ଲଦି ହୋଇଥିବା
ଦୁନିଆ ସହିତ ଗୋଟିଏ କ୍ଷଣର
ବେଖାତିର ଭାବ ଥିଲା

ମୁଁ ପିଲାମାନଙ୍କୁ ଏମିତି କହିବାର ଶୁଣିଲି
କିଛି କ୍ଷଣ ପାଇଁ ମୋ ମନ ମୁକ୍ତ ହେଲା
ଗୋଟିଏ ଅଜବ ଢଙ୍ଗରେ
ମୋତେ ଶକ୍ତି ମିଳିଲା
ଗୋଟିଏ ଅଜବ ଧରଣର

ସିଏ ଏହି ବର୍ତ୍ତମାନକୁ
କ୍ଷଣକ ଭିତରେ ଚୂର୍‌ଚୂର୍ କରି ଦେଲା
ନିଜ ଭିତରେ ସିଏ ସ୍ୱତନ୍ତ୍ର
ବିତି ଯାଇଥିବା ଶୈଶବର ସ୍ମୃତିରୁ ସ୍ୱତନ୍ତ୍ର
ନିଜ ମନୋରଂଜନରେ ମୁଗ୍ଧ
ଜଣେ ବ୍ୟକ୍ତି ଥିଲା । ■

ସଂଘର୍ଷ

ସିଏ କେବେ କେବେ ସାମାନ୍ୟ କଥାରେ
ଖୁସୀ ହୋଇ ଯାଉଛି
ଏତେ ଖୁସୀ ଯେ ଖୁସୀକୁ ଲୁଚେଇ ପାରୁନି
ଆଉ ଅଳ୍ପ ସମୟ ପରେ ସିଏ
ନାଚାର ଥିବା ପରି ଦେଖା ଯାଉଛି
ସିଏ ନିଶ୍ଚିତ ଭାବରେ କିଛି ଦୁର୍ବଳ ହୋଇ ଯାଇଛି

ସିଏ କେବେ କେବେ ଏତେ ଶାନ୍ତିରେ କହୁଛି ହଁ, ସୁଖ ଅଛି,
ଯେ ସନ୍ତୋଷ କ୍ଷଣରେ ଗୋଟିଏ ଅଖିଳ ଆନନ୍ଦ
ଧରି ରଖି ସିଏ ହୋଇଛି ମହାନ

ଏହା ତା ସଂଘର୍ଷର ଦୁଇଟି ପରିଚୟ
- ଦୁଃଖ ଯାହା ଭାଙ୍ଗିଛି
ତାକୁ ଗଢ଼ିବାର ସଂଘର୍ଷ ।

ପ୍ରେମୀଜନ

ଏହା କେତେ ସୁନ୍ଦର ଚେହେରା
ଦେଖା ଯାଉଛି ନାରୀଙ୍କ ଉପରେ
ପୁରୁଷର ଛାପ
କିନ୍ତୁ
ପୁରୁଷଙ୍କ ଉପରେ କେବଳ ଦିଶୁଛି
ନାରୀଙ୍କର ଛାଇ

ବଢ଼ି ଗଲାଣି ବୟସ
ଏମାନେ ତା'ଠୁ ରହିଯାଇଛନ୍ତି
ଟିକିଏ ପଛରେ

ରେଖାଗୁଡ଼ିକ: ଅସମ୍ପୂର୍ଣ୍ଣ କବିତାସବୁ
ମୁଁ ଏଗୁଡ଼ିକୁ ପଢ଼େ ତ ମୋତେ
ଛନ୍ଦ ଶୁଣାଯିବ

ଇଏ ଏତେ ସୁନ୍ଦର ଚେହେରାସବୁ
ଅନୁଭବରେ ନିମଜ୍ଜିତ
ଏହି ପ୍ରେମ ପରଭାବର ପାର୍ଥକ୍ୟ ଭୁଲିଛି
ଏମାନଙ୍କୁ ଏମିତି କହିବି ଯେ
ଏମାନେ ମୋତେ ଶୁଣିବେନି

ଏମାନଙ୍କ ଭିତରେ କେହି ସାଙ୍ଗ ନାହାନ୍ତି
ଖାଲି ପରିଚିତ
ପରିଚୟ ବି ଏବେ ହୋଇଛି
- ଏହା ଲେଖୁ ଲେଖୁ

ସେତିକି କ୍ଷଣରେ ଏମାନେ ପୁଣି ହେଲେ
ଅପରିଚିତ
ଇଏ ସୁନ୍ଦର ପଶୁମାନଙ୍କ ପରି
ଅଜ୍ଞାତ ଚେହେରା
ନିଜ ଦୁନିଆରେ ମୌନ
ନୀରିକ୍ଷଣରତ ମୋତେ ।

■

ବ୍ୟାଙ୍କରେ ଝିଅମାନେ

ବ୍ୟାଙ୍କରେ ଝିଅମାନେ
ବଡ଼ ହୋଇ ଯାଆନ୍ତି
ଆଉ ଏତେ ଭିଡ଼ରେ ଘେରି ହୋଇ ଏକାକୀ

ସେହି ନିଜର ତିରିଶ ବର୍ଷ
ନାରୀ ଓ ବ୍ୟକ୍ତି ରୂପେ ଗଢ଼ା ହେବାର ତିରିଶ ବର୍ଷ
ନେଇ କରି ପ୍ରତିଦିନ ଏଠାକୁ ଆସନ୍ତି ଠିକ୍ ସମୟରେ
ଧ୍ୟାନ ଦେଇ ଶୁଣନ୍ତି ତରୁଣ ଗ୍ରାହକକୁ
ହଜି ଯାଆନ୍ତିନି ସ୍ୱପ୍ନରେ
ସେହି ପୁଅଟିକୁ କୁଆଡ଼େ ଯିବାକୁ ଦିଅନ୍ତିନି ବର୍ତ୍ତମାନ
ପୁଣି ସିଏ ଚାଲିଯାଏ ନିଜ କାମରେ
ଏହି ଦେବାନେବା ପରେ ସିଏ ବଜାଏ ସୁନ୍ଦର ଘଣ୍ଟି
ଦୌଡ଼ିଯାଇ ଭିଡ଼ରେ ମିଶିଯାଏ
ଛୋଟ ଛୋଟ ପୁରୁଷଙ୍କର ଏକାନ୍ତତା ଭିତରେ
କୁଟାପିଟା ଚେହେରା ଉପରେ
ଲୋଭ ନେଇ କରି
ଝରକା ବାଟ ଦେଇ ଦେଖେ ।

ଖଣ୍ଡ ଖଣ୍ଡ ମୁଁ

ଏବେ ଦେଖ ବଜାରରେ ଗଦା ହୋଇ ରହିଛି
ଖଣ୍ଡ ଖଣ୍ଡମାନ
ଆଉ ମୁଁ ଜଣେ ଯାହାର ଖଣ୍ଡସବୁ
ଗୋଟିଏ ଜାଗାରେ ନାହିଁ

କୁଆଡ଼େ ଗଲା ମୋର ସବୁ ଟୁକୁଡ଼ା
ସେଗୁଡ଼ିକୁ ଖୋଜି କରି ଆଣ
ତକିଆ ତଳେ ଯେଉଁଗୁଡ଼ିକୁ ରଖି କରି
ଶୋଇଥିଲି ରାତିରେ
ସେହି କାଗଜରୁ

ମୁଁ ଖଣ୍ଡ ଖଣ୍ଡ ହୋଇ ଯାଇଛି
ଏହା ମୋର ପରିଚୟ
- ଖଣ୍ଡ ଖଣ୍ଡ ମୁଁ
ମୁଁ ଜାଣିଛି ଯେ ମୁଁ ଗୋଟିଏ ଗୋଟିଏ ସଂଖ୍ୟା
କିନ୍ତୁ ମୁଁ ସେହି ଖଣ୍ଡଗୁଡ଼ିକୁ
ଦେଖିବାକୁ ଚାହିଁବି

ସେଗୁଡ଼ିକୁ ଜମା କର
- ଆଉ କିଛି ମୋର ଅଛି
ଆଉ କିଛି ମୋର ନାହିଁ

ସେଗୁଡ଼ିକ ନୁହେଁ ମୋର ଟୁକୁଡ଼ା
- ଖଣ୍ଡ ଥିଲେ
ଲୋକମାନେ ଥାଟ୍‌ରେ ଥିବା ଦେଖାନ୍ତି
ଦୁନିଆଯାକର ଖଣ୍ଡକୁ ଯୋଡ଼ି କରି
ମୋତେ କେବଳ ଏତିକି ଦରକାର
ଯାହାକୁ ଘୋଡ଼େଇ ହୋଇ
ଦେହ ଖୋଲା ରହେ।

■

ଜଡ଼

ପରର ପୀଡ଼ାକୁ ସହିବା ବାରମ୍ବାର
ବଞ୍ଚି ରହିବାର ଗୋଟିଏ ମାତ୍ର ଉପାୟ
ସହନ କର
ପୁଣି ସେହି ସମୟରେ
ଦୂରରେ ଠିଆ ନିଜକୁ ଦେଖ

ସାଥିରେ ଦୁଃଖରେ
ଏହା ଗୋଟିଏ ଅଜବ ବସ୍ତୁ
ଯେ ଯିଏ ଏହା କରେନି
ଜାଣ ଜଡ଼ରେ ପରିଣତ ହୁଏ

ଯେବେ ତା ସହିତ ରହିବ
ସିଏ ହେବ ଗୋଟିଏ ବୋଝ

ଶେଷରେ ତା ପାଖକୁ ଆସିବ
ସେତେବେଳେ କୌଣସି ଭାଷା ବି
ପାଖରେ ନ ଥିବ
କିଛି ଚେଷ୍ଟା କରି ତୁମେ ଗାଇବ
ଆଉ ସେହି ସ୍ୱରରେ ସେତେବେଳେ
ନିଜ ପାଇଁ କାନ୍ଦିବ ।

ଆରେ ଏବେ ଏମିତି କବିତା ଲେଖ

ଆରେ ଏବେ ଏମିତି କବିତା ଲେଖ
ତହିଁରେ ଛନ୍ଦ ବୁଲି ବୁଲି ଆସି ଯାଉ
ଦେହରେ ବେଦନା ପ୍ରସରି ଯିବ
କାହିଁ ଥରୁଟିଏ ଅଟକି ଥାଉ

ଯେଉଁଥିରେ ମୁହିଁ ପ୍ରତିଜ୍ଞା କରିବି
ସେହି ଦୁଇ ଥର ଶବ୍ଦ ହୋଇଯାଉ
କହିବି ବାରମ୍ବାର ସେହି ଅର୍ଥ
ଭାଷା ନିଜକୁ ନ ଦୋହରାଉ

ଆରେ ଏବେ ଏମିତି କବିତା ଲେଖ
ଯେ କେହି ହେଲେ ମୁଣ୍ଡ ନ ହଲାଉ
ପୁଲକିତ ହୋଇ ରହି ନଯାଉ କେହି
ବିନା କାରଣରେ କେହି ଆକୁଳ ନ ହେଉ

ନିଜକୁ ନିଜେ ଯୋଡ଼ ଛନ୍ଦରେ
ଯେ କବିର ବ୍ୟଥାକୁ ହୃଦୟ ସହିଯାଉ
ହସ କାନ୍ଦ ଆଜି ରୋକି ଦିଅ
ଉଦାସୀନ ହେବାପାଇଁ କହିଯାଉ ।

■

ହିନ୍ଦୀ

ଆମେ ଲଢୁଥିଲୁ
ସମାଜକୁ ବଦଳାଇବା ପାଇଁ
ଗୋଟିଏ ଭାଷାର ଯୁଦ୍ଧ
କିନ୍ତୁ ହିନ୍ଦୀର ପ୍ରଶ୍ନ ଏବେ ହିନ୍ଦୀର
ପ୍ରଶ୍ନ ହୋଇ ରହିନି
ଆମେ ହାରି ଯାଇଛୁ

ଭଲ ସୈନିକ
ନିଜର ହାର୍ ପରିଚୟ
ଏବେ ସେହି ପ୍ରଶ୍ନ ଯାହାକୁ ଭାଷାର ଲଢ଼େଇ
ଆମେ କହୁଥିଲୁ
ଏମିତି ପଚାର;
ଆମେ ସବୁ ଯାହା ପାଇଁ ଲଢୁଥିଲୁ
ଆମେ କ'ଣ ଥିଲୁ ସିଏ ?
ଅଥବା ତାଙ୍କ ବିରୋଧିମାନଙ୍କର ଦଲାଲ ଥିଲୁ
-ସହୃଦୟ ଉପକାରୀ ଶିକ୍ଷିତ ଦଲାଲ ?

ସ୍ୱାଧୀନତାର ଯିଏ ମାଲିକ ସିଏ ଦାସ
ତାଙ୍କର ଦାସ ଯେଉଁମାନେ ସ୍ୱାଧୀନ ନୁହନ୍ତି

ହିନ୍ଦୀ ହେଉଛି ମାଲିକର
ତାହେଲେ ସ୍ୱାଧୀନତା ପାଇଁ ଲଢ଼ିବା ଭାଷା
ପୁଣି କ'ଣ ହେବ ?

ହିନ୍ଦୀର ଦାବୀ
ଏବେ ଦଲାଲମାନଙ୍କର ନିଜର ଦାସ-ମାଲିକଙ୍କ ପାଖରେ
ଗୋଟିଏ ଦାବୀ
ପରିମାର୍ଜିତ ବ୍ୟବହାରର
ଅଧିକାରର ନୁହେଁ

ସେମାନେ ହିନ୍ଦୀର ପ୍ରୟୋଗ ଇଂରେଜୀ ସ୍ଥାନରେ
କରୁଛନ୍ତି
ଯଦିଓ ତଥ୍ୟ ଏହା ଯେ ଇଂରେଜୀର ପ୍ରୟୋଗ
ତାଙ୍କ ମାଲିକ ହିନ୍ଦୀ ସ୍ଥାନରେ କରୁଛନ୍ତି
ଦୁହିଁଙ୍କ ଭିତରେ ସମ୍ପର୍କ
ସ୍ଥିର ହୋଇ ଯାଇଛି

ଯିଏ ଏହି ଭଣ୍ଡକୁ ଧ୍ୱଂସ କରିବ
ହିନ୍ଦୀର ଦାସକୁ ଶେଷ କରିବ
ସିଏ ହେବ ସେହି ଲୋକ ଯିଏ ହିନ୍ଦୀରେ କଥା କହି
ଖୋଲି ଦେବ ନିରକ୍ଷରର ହୃଦୟ ।

ପ୍ରଥମେ ଆପଣ

'ପ୍ରଥମେ ଆପଣ'ର ସଂସ୍କୃତି-
ଏଇଥିପାଇଁ ଯେ ଆପଣାର ଲୋକଙ୍କ ଭିତରେ
ଆମେ ଲଢ଼େଇ କରୁ
ଏଇଥିପାଇଁ ଯେ ଦୁର୍ବଳ ଲୋକ
ଏହା ପରେ ନିଜର ଅଧିକାର ଛାଡ଼ି ଦେଉ

ଦେଖ, ଗରିବ ରୋଗୀ ଠିଆ ହେବାକୁ ଡରୁଛି
ଯେ କିଛି ସାଜିସୁଜି ହୋଇ ରହିଥିବା ଲୋକେ
ଡାକ୍ତରଙ୍କ କୋଠରୀରେ ପ୍ରଥମେ ପଶି ଗଲେ

ସତେ ଯେମିତି ସେମାନେ ପଙ୍କର ସମୁଦ୍ରକୁ
ନିଜର ଅଧିକାର ପାଇଁ ଆସୁଛନ୍ତି ଆଉ ଯାଉଛନ୍ତି
ରୋଗ ଆଉ ପଇସା ଥିଲେ ପ୍ରଥମେ ରହିବ
ଆଉ ପଛରେ ମୁଁ ।

ଖୁସାମତ

ସାହେବ ଖୁସାମତିକୁ ଗାଳି ଦିଅନ୍ତି ସମସ୍ତଙ୍କ ଆଗରେ
ଚାରିଜଣ ଖୁସାମତିଆଙ୍କ ଭିତରେ ଶିର ଉଚ୍ଚ ହୋଇଯାଏ
ସମସ୍ତେ କହନ୍ତି ସାହେବଙ୍କ ମିଛ ପ୍ରଶଂସା ପସନ୍ଦ ନୁହେଁ
ସିଏ ବିଚରା ତ ଭକ୍ତ ଖାଲି ଦର୍ଶନ ପାଇଁ ଆସିଥାଏ

ସାହେବ କହନ୍ତି ତୁ ବାଜେ କଥା କହୁଛୁ ତୋର ସଙ୍କୋଚପଣ ନାହିଁ
କିନ୍ତୁ ଚାହାନ୍ତି ଏହି ମିଛୁଆ ଖୁସାମତିଆ ପାଖରେ ଥାଉ
ସିଏ ଦିଲ୍ଲୀକୁ ଯାଇକରି ଯାହା କରନ୍ତି ସିଏ ପାଟନାରେ କରୁ
ଭିତରୁ ବିଲୁଆ ଛୁଆ ଉପରୁ ସିଏ ନିର୍ଭୀକ ହୋଇ ଥାଉ

କେବେ କେଉଁ ଦିନ ଯଦି କେହି ଭଲ କାମ କରିଥାଏ
ତାହେଲେ ସାହେବ ତା'ର ପ୍ରଶଂସା ନ କରି ବିରକ୍ତ ହେବେ
ତାଙ୍କର ଅଭ୍ୟାସ ନାହିଁ ସତ କଥା ଶୁଣିବା ପାଇଁ କି
ସମସ୍ତଙ୍କ ଆଗରେ କେମିତି ସିଏ ତୁମକୁ ଅପମାନିତ କରିବେ ?

■

ବ୍ୟବହାରକୁଶଳ ଲୋକ

ଦିନେ ଘରକୁ ଫେରିଲି
ହାତରେ ଥିଲା ପୁସ୍ତକ
ଆଉ ଫୁଲକୋବି ବି

ବାଃ, କବିତା ଭେଟିଲା

ଆଜିକାଲିର ପୁସ୍ତକ ଫୁଲକୋବି ପରି ନରମ
ଆଉ ଫୁଲକୋବି ହେଉଛି
ଆଜିକାଲିର ପୁସ୍ତକ ପରି ନୀରସ

ଶୀଘ୍ର ଜଣେ ସୁନ୍ଦରୀ ସ୍ତ୍ରୀକୁ କହିଲି ଯାଇକରି
ଦେଖ, ଅଦଳବଦଳ କରିଦିଅ ଏହି ଦୁହିଁଙ୍କୁ
ସିଏ ବୁଝିଲାନି

ଲୋକମାନେ ବହୁତ ବ୍ୟବହାରକୁଶଳ ହୋଇ ଗଲେଣି
କିଛି ଅନାବଶ୍ୟକ କଥା କହୁ ନାହାନ୍ତି
ଗୋଟିଏ ଲାଭଖୋର ସଭ୍ୟତାରେ
ବ୍ୟଙ୍ଗର ସ୍ଥାନ ରହେନି
(ମନୋରଂଜନର ଅଛି ଯାହା ଘୃଣାରୁ ଜନ୍ମ ନିଏ)

କୌଣସି ଜିନିଷକୁ ନିଜ ଜାଗାରୁ ଘୁଞ୍ଚାଅନି ବେପାରୀ ବ୍ୟବସ୍ଥାକୁ ତାହାର ଆବଶ୍ୟକତା ଅଛି ଫୁଲକୋବିକୁ ପଢ଼ିଲେ ଆଉ ପୁସ୍ତକକୁ ଖାଇଲେ ଲାଭ କ'ଣ ହେବ ?।

ଶସ୍ତା ଦାମ୍‌ର ଦୋକାନ

ଅର୍ଥଶାସ୍ତ୍ରୀ କହିଲେ
ଶସ୍ତା ଦାମ୍‌ର ଦୋକାନ
ଦାମ୍‌ର ନିୟନ୍ତ୍ରଣ କରିବା ପାଇଁ ଜରୁରୀ
କିଛି ତ ମିଳି ଯାଉ ଗରିବ ପେଟ ଭରିନିଅନ୍ତୁ
ସେହି ବିଚରାଙ୍କ ଭାଗ୍ୟରେ
ମୋହନଭୋଗ ଥାଉ ଅଥବା ପୁରୀ
ଖାଇବେ ତଥାପି କମ୍ ଭଲେ ଶସ୍ତା ବିକୁଥାଉ
ଏକରେ ବହୁତ ଅଛି
ଦୁଇରେ କମ୍ ମଜୁରୀ
ତିନିରେ ସମସ୍ତ ଚାଉଳଠୁ ଶସ୍ତା ଦୋକାନକୁ
କିଛି ଦେବା ଆମ ପାଇଁ ବାଧ୍ୟତାମୂଳକ

ଆମେ ଗହମ ଦେବୁ
ଆଉ ଚିନି ବି ଦେବୁ
କାହିଁକି ନା ଚିନି ଖାଇବାର ଅନୁଭବ ଜରୁରୀ
ସେମାନେ ନିଜ ଭାଗର ଚିନି କିଛି ପଇସା ବଦଳରେ
ଆମକୁ ଦେଇ ଦେବେ
କାହିଁକି ନା ପଇସା ଜରୁରୀ
ସେଥିରେ ସେମାନେ କିଣିବେ ମହଙ୍ଗା ଜିନିଷ
କାହିଁକି ନା ଆମେ କହିଛୁ ଯେ ତାହା ବି ଜରୁରୀ
ଏତି ସୁଖ ସଂପତ୍ତି ଚିନିର ବାହାନାରେ ବଢ଼େ
ସେଥିପାଇଁ ଶସ୍ତା ଦାମ୍‌ର ଦୋକାନ ବି ଜରୁରୀ। ■

ସଫା କମିଜ

ଲୋକମାନଙ୍କୁ ବସାଇ ଦିଆ ଯାଇଛି
ଦ୍ୱାରପାଳ ରୂପରେ
କିନ୍ତୁ ସେମାନଙ୍କର ମୁଖ୍ୟ କାମ ହେଲା
ସଲାମ କରିବା
ସେମାନେ କେବେ ସଲାମ କରନ୍ତି ଜାଣି କରି
ଯେ ଏହି ବ୍ୟକ୍ତିକୁ ଆମକୁ ସଲାମ କରିବାକୁ ହେବ
କେବେ ଭାବିକରି ଯେ ହୁଏତ ଇଏ
ସେହି ହୋଇଥିବ ଯେଉଁ ବ୍ୟକ୍ତିକୁ
ଆମକୁ ସଲାମ କରିବାକୁ ହେବ
ତାହା କେଉଁ ଜିନିଷ ଯାହା କି ଭ୍ରମ ସୃଷ୍ଟି କରେ
କେଉଁ ସଫା ପୋଷାକ ଧାରୀକୁ କେବେ
ସଲାମ କରିବାକୁ ହେବ

ହୁଏତ ସିଏ ଦେଇ ଦେବ ମୋତେ ମୋର ଭାଗ
ସିଏ
ନକଲୀ ସୂତାର ବସ୍ତ୍ର ସିଏ ପିନ୍ଧେ
ନିଜ କୁଟୁମ୍ବଙ୍କ ଭିତରେ ଢାଙ୍କି ବାସ୍ତବତା
ନକଲୀ ସୂତାର ସିଏ ବିଜ୍ଞାପନ ଦିଏ
ବହୁତ ହେଲା ନିଜ କମିଜ ସିଏ ଧୋଇ ନିଏ
ଦପ୍ତରର କାମ ତାକୁ ଭଲ ଲାଗେନି
ଗାଇ ଗାଇ ଯାଏ ଏବଂ ଧୋଇ ନିଏ ସଫା ସଫା
ଦ୍ୱାରପାଳକୁ ଭେଟିବା ପାଇଁ ସଜ ହେଉଥାଏ ।

କ୍ୟାମେରାରେ ବନ୍ଦୀ ପଙ୍ଗୁ

ଆମେ ଦୂରଦର୍ଶନରେ କହିବୁ
ଆମେ ସମର୍ଥ ଶକ୍ତିବାନ
ଆମେ ଜଣେ ଦୁର୍ବଳକୁ ଆଣିବୁ
ଗୋଟିଏ ବନ୍ଦ କୋଠରୀକୁ

ତାକୁ ପଚାରିବୁ ତେବେ କ'ଣ ଆପଣ ପଙ୍ଗୁ ?
ତାହେଲେ କାହିଁକି ଆପଣ ପଙ୍ଗୁ ?
ଆପଣଙ୍କର ପଙ୍ଗୁତ୍ୱ ତ ଦୁଃଖ ଦେଉଥିବ
ଦେଉଛି କି ?
(କ୍ୟାମେରାରେ
ଦେଖାନ୍ତୁ ତାକୁ ବଡ଼ କରି)
ହଁ ତାହାଲେ କହନ୍ତୁ ଆପଣଙ୍କର ଦୁଃଖ କ'ଣ
ଶୀଘ୍ର କହନ୍ତୁ ସେହି ଦୁଃଖ କହନ୍ତୁ

କହି ପାରିବେନି

ଭାବନ୍ତୁ
କହନ୍ତୁ
ଆପଣଙ୍କୁ ପଙ୍ଗୁ ହୋଇକରି କେମିତି ଲାଗୁଛି

କେମିତି
ଅର୍ଥାତ୍ କେମିତି ଲାଗୁଛି
(ଆମେ ଇଙ୍ଗିତରେ କହିବୁ କ'ଣ ଏମିତି ?)
ଭାବନ୍ତୁ
କହନ୍ତୁ
ଟିକିଏ ଚେଷ୍ଟା କରନ୍ତୁ
(ଏହି ସୁଯୋଗ ହରାଇ ଦେବୁ ?)

ଆପଣ କ'ଣ ଜାଣିଛନ୍ତି କାର୍ଯ୍ୟକ୍ରମକୁ
ରୋଚକ କରିବା ପାଇଁ
ଆମେ ପଚାରି ପଚାରି ତାକୁ କନ୍ଦେଇ ଦେବୁ
ଆପଣ ବି ଅପେକ୍ଷା କରିଛନ୍ତି
ତା'ର କାନ୍ଦିବାକୁ ?
ଏ ପ୍ରଶ୍ନ ପଚରା ଯିବନି)

ପୁଣି ପର୍ଦ୍ଦା ଉପରେ ଆମେ ଦେଖାଇବୁ
ଫୁଲି ଥିବାର ଆଖିର ଗୋଟିଏ ବଡ଼ ଚିତ୍ର
ବହୁତ ବଡ଼ ଚିତ୍ର
ଆଉ ତା ଓଠ ଉପରେ ଗୋଟିଏ
ଯନ୍ତ୍ରଣାର ଭାବ ବି
(ଆଶା ଯେ ଆପଣ ତାକୁ ତା'ର
ଅପଙ୍ଗତ୍ୱର ପୀଡ଼ା ବୋଲି ମାନିବେ)

ଆଉ ଗୋଟିଏ ଚେଷ୍ଟା
ଦର୍ଶକ
ଧୈର୍ଯ୍ୟ ଧରନ୍ତୁ
ଦେଖନ୍ତୁ
ଆମକୁ ଦୁହେଁ କନ୍ଦାଉଛନ୍ତି
ଏକାସାଙ୍ଗରେ

ଆପଣ ଏବଂ ସିଏ
ଦୁହେଁ ଯାକ

(କ୍ୟାମେରା
ସେତିକି ଥାଉ
ହେଲାନି
ରହିବାକୁ ଦିଅନ୍ତୁ
ପର୍ଦ୍ଦା ଉପରେ ସମୟର ମୂଲ୍ୟ ରହିଛି)
ଏବେ ଆମେ ମୃଦୁ ହସ ହସିବୁ

ଆପଣ ଦେଖୁଥିଲେ ଗୋଟିଏ ସାମାଜିକ
ଉଦ୍ଦେଶ୍ୟରେ ଯୁକ୍ତ କାର୍ଯ୍ୟକ୍ରମ
(ଖାଲି ଟିକିଏ ଅଭାବ ରହିଗଲା)
ଧନ୍ୟବାଦ ।

ଅଜ୍ଞାତବାସୀ

ସେନ୍‌ସର୍ କାଳରେ ଜଣେ ଲେଖକ ମହାଶୟ
ଏକ ଦୈନନ୍ଦିନ ବିବରଣୀ ଲେଖୁଥିଲେ
ଦିନେ ସେଥିରେ ଲେଖିଲେ
(ତାହା ଥିଲା ପ୍ରଥମ ଦିନ)
ମୁଁ କେବଳ ତାଙ୍କ ଲେଖାଟିକୁ ଏଠି
ସତେ ଯେମିତି ପଦ୍ୟରେ ବଦଳାଇ ଲେଖିଛି

ଖବର କାଗଜ ଆସିନି
ସ୍ଥିତିରେ ଉତ୍ତେଜନା ଥିଲା
- ଘରେ ବି ଲାଗୁଥିଲା
ଚ.ପ.ଫୋନ୍ କଲେ
'ରେଡ଼ିଓରେ ପ୍ର.ମ. କହିଛନ୍ତି
ଆଉ ମୁଁ ଛୁଟିରେ ଯାଉଛି'

ସିଏ ପ୍ରକୃତରେ ଆଶ୍ୱସ୍ତ ଅନୁଭବ କରୁଥିଲା
ଯେ ତାକୁ ଅବସର ମିଳିଛି
ହଁ, ଆହୁରି ଅନେକ ଥିଲେ ଯେଉଁମାନେ
ଛୁଟିରେ ଯାଇ ପାରିଲେନି
ତଥାପି ଗୋଟିଏ ଉତ୍ତେଜନାରେ ଭରା ସାନ୍ତ୍ୱନା
ସେମାନଙ୍କ ଭିତରେ ବି ଥିଲା
ଯେମିତି କ.ପ.ସ.ଦ. ଭିତରେ

ଏତିକି ବେଳେ ଝ୍ରୁ. ଝ୍ରୁ. ଙ୍କର ଫୋନ୍‌ରେ
ଗମ୍ଭୀର ଆବାଜ ଆସିଲା
'ଯାହା ମୁଁ ଶୁଣୁଛି ତାହା କ'ଣ ସତ ?'

ତା'ପରେ ଟିକିଏ ଭୋଳାପଣ ଦେଖାଇ କରି
ମୋ ଉପରେ ଆକ୍ରମଣ କଲା
'ଆପଣ କ'ଣ ବହୁତ ଉଗ୍ର ଥିଲେ
ତା'ର ପରିଣାମ
ଦେଶବାସୀଙ୍କର ମୁଣ୍ଡ ଉପରେ ଆସିକରି ପଡ଼ିଛି
'ଉଗ୍ର ? କେଉଁଠି ? ମୁଁ ତ ଚୁପ୍‌ଚାପ୍ ଥିଲି'
'ନା, ଆପଣ ନ ଥିଲେ'
ଅନେକ ଥର ଦୋହରାଇଲେ

ଭୋ.ନା.ଙ୍କ ଘରେ ରା ଶିଶୁସୁଲଭ ବିସ୍ମୟରେ
ଅ. ଆ. ଙ୍କୁ ପଚାରୁଥିଲେ ଏବେ କ'ଣ ହେବ ?
ଆଉ ଅ. ଆ. 'ଏମିତି ବି ହୁଏ
ଆଇନ ବା କ'ଣ
କହି କରି ମୁହଁ ମୋଡୁଥିଲେ ବିଚରାମାନେ

କ.ପ୍ର.ଙ୍କର ଧାରଣା ଥିଲା ଯେ କ୍ରାନ୍ତି
ଗୋଟିଏ ପ୍ରକ୍ରିୟା
ଏବଂ ସିଏ ନିଶ୍ଚିତ ଥିଲେ
ସତେ ଯେମିତି ଏହି ସମୟରେ ଯାହାର ଦମନ ହେବ
ସିଏ ନିଶ୍ଚୟ ସେମାନଙ୍କ ଭିତରୁ ନୁହେଁ
'ଆଜି ଯାହା ହେଉଛି ସେଥିରେ ମୋର କିଛି କ୍ଷତି ନାହିଁ'
(ମୁଁ କେଉଁଠି କହୁଛି ଯେ କ୍ରାନ୍ତି
ଆଜି ହୋଇ ଯାଉ)

ଗୋଟିଏ ଅଜବ ଧରଣର ଆରାମ
କିନ୍ତୁ ତା' ପଛରେ କେତେ ଖାଲିପଣ ସାରାଦିନ
ଆଉ ସେହି ଶୂନ୍ୟତା ଭିତରେ
ବାଛି ବାଛି କରି ହତ୍ୟା

କ. ଖୁସୀ ଥିଲା
ଏବେ ସବୁ ଖସି ପଡ଼ି ମୋ ସ୍ତରଯାଏଁ ଆସି ଯିବ
ସେତେବେଳେ ଯାଇ କଳଙ୍କ ମିଟିବ
ଯାହାକୁ ମୁଁ ଲଗାଇଛି ମୋ ମୁଣ୍ଡରେ
କିନ୍ତୁ ଭିତରେ ଭିତରେ ସିଏ
ବଧ୍ୟ ହୋଇ ଯାଇଛି
ଏକଥା ସିଏ ଜାଣିନି

ଛ. ଆସିଲେ, ରାଗିକରି ଥିଲେ
'ନିଜ ନାକକୁ ଆପଣ କଟାଇ ଦେଇ
ଚୁପ୍ ଚାପ୍ ହୋଇ ରହିଗଲେ
ଏହା କ୍ରାନ୍ତିକାରୀ କାର୍ଯ୍ୟର ବିରୁଦ୍ଧ କାର୍ଯ୍ୟ
ଆପଣଙ୍କ ପ୍ରଶଂସକମାନଙ୍କୁ ତାହା ପସନ୍ଦ ଆସିଲାନି'
ପୁଣି କହିଲେ
'ବିଶ୍ୱବିଦ୍ୟାଳୟରେ ଆମର ବିରୋଧ କରିବା
ବହୁତ ଶକ୍ତିଶାଳୀ
କାଲି ଆମେ ପ୍ରତିନିଧି ଦଳ
ପ୍ର.ମ.ଙ୍କ ପାଖକୁ ନେଇ କରି ଯିବୁ
କିଛି ନ ହେଲେ ବି ଅତି କମ୍‌ରେ
ବାକ୍ ସ୍ୱାଧୀନତା ରହିବାକୁ ଦିଅନ୍ତୁ

ଆଜି ସେହି ଡାଏରୀ ମିଳିଗଲା
ପଢ଼ିକରି ଲେଖକଙ୍କୁ ପଚାରିଲି
ଏସବୁ କ. ଖ. ଗ. ଘ. କିଏ

ତାଙ୍କର ମନେ ରହିଲାନି
କାହାକୁ କାହାକୁ ଦିଆଯାଇଥିଲା
ଏହି ସବୁ ଛଦ୍ମ ନାମ

କିନ୍ତୁ ସେମାନେ ସମସ୍ତେ ଏଠି ଅଛନ୍ତି
ଅପେକ୍ଷା କରିଛନ୍ତି
ସେହି ଅଶ୍ୱସ୍ତତାର
ଅଜ୍ଞାତ ବାସରେ।

ଗୋଟିଏ ରାତିରେ ବ୍ୟତିକ୍ରମ

ଆଜି ରାତିରେ କବିତା ନ ହେଲା ନାହିଁ
କାଗଜ କଲମ ମୁଣ୍ଡତଳେ ରଖିକରି
ଶୋଇବାର ଅଭ୍ୟାସରେ
ଆଜି ଗୋଟିଏ ବ୍ୟତିକ୍ରମ ଘଟୁଛି
ଆଉ ମୁଁ ଏକେଲା ହୋଇ ଯାଉଛି
ଏବଂ ନିଜ ଭିତରେ ପରିପୂର୍ଣ୍ଣ ।

ବଡ଼ ମଣିଷ

ମୋର ବିଶ୍ୱାସ ନାହିଁ
ଯେ ମୋର ଜୀବଦ୍ଦଶାରେ
ଏ ଦେଶ କାହିଁକି ଯେ କୌଣସି ଦେଶ
ନିଜ ମଣିଷମାନଙ୍କୁ
ମଣିଷ କରି ଗଢ଼ିବ

କ୍ରାନ୍ତିକାରୀ ଲେଖକର ଆଶା ଅଛି
ଯେ ଅନ୍ୟମାନଙ୍କ ଉପରେ
ତା'ର ଅବିଶ୍ୱାସ
ତାକୁ ତ ତା' ଜୀବନରେ ହିଁ
ବଡ଼ ମଣିଷ କରିଦେବ

ଅଭିନେତ୍ରୀ

ମୁଁ ଅଭିନେତ୍ରୀ ଯେବେ ମଗ୍ନ ହୁଏ
ନିଜର ଅଭିନୟ ଶୈଳୀରେ
ତାହାର ଚିତ୍କାର
ତାକୁ ଦୟନୀୟ କରିଦିଏ
ପୁରୁଷଙ୍କଠୁ କିଛି ଅଧିକ
ଆଉ ତା ହସ
ତାକୁ କରିଦିଏ ପୁରୁଷମାନଙ୍କ ଠାରୁ
ଅଧିକ ଛଳନାମୟ

ଏହା ହେଉଛି ଏହି ସମାଜରେ
ନାରୀର ବିଡ଼ମ୍ବନା
ପ୍ରତ୍ୟେକ ଥର ତାକୁ ମରିବାକୁ ପଡ଼ିଥାଏ
ଭଙ୍ଗାରୁଜାକୁ ବଞ୍ଚାଇ ରଖେ
ନିଜ ଭିତରେ ଭଙ୍ଗାରୁଜା ବଦଳରେ
ସିଏ ନୂଆ କରି ରଚନା କରେ

କିନ୍ତୁ ଦେଖ ତା ଚେହେରା ଉପରେ
କ୍ଳାନ୍ତି କେମିତି ବ୍ୟାପ୍ତ ହୋଇ ରହିଛି
ହସିବାକୁ କାନ୍ଦିବାକୁ କହୁଛି ତାକୁ
ଯାହା ପୁରୁଷମାନଙ୍କର ପ୍ରିୟ ଶୈଳୀ

ଏଇ ଦୁହିଁଙ୍କଠାରୁ କିଛି ଅଧିକ
ନାରୀର ଚେହେରା କହି ପାରେ
କିନ୍ତୁ ତା'ର ଏମିତି ସ୍ୱାଧୀନତା
ପୁରୁଷ କ'ଣ କେବେ ସହି ପାରିବ

ସିଏ ତାକୁ ହସାଉ ଥାଏ
ସିଏ ତାକୁ ପ୍ରପୀଡ଼ିତ କରୁ ଥାଏ
ସିଏ ନିଜର ଶସ୍ତା ରଂଗମଞ୍ଚ ଉପରେ
ତାକୁ ଖେଳଉ ଥାଏ

ନାରୀର ଚେହେରା ଉଦାସ
କିନ୍ତୁ ସିଏ କରେ ଅଟ୍ଟହାସ୍ୟ
ତା ଭିତରେ ଗୋଟିଏ ଅଭିଳାଷା
ଅତ୍ୟପ୍ତ ଚିତ୍କାରରେ ପରିଣତ ହୁଏ

ସିଏ ଦେଇ ପାରିଥାନ୍ତା କେବେ କେବେ
ନିଜ ସଂଗ୍ରହରୁ ଗୁପ୍ତଧନ
କିନ୍ତୁ ଦୟାର ଖୋଲାବଜାରରେ
ସିଏ ନିଜେ ହିଁ ହୋଇଯାଏ ଏକ ଭିକ୍ଷା।

ଦୁର୍ଭିକ୍ଷ

ସିଏ ଆସିଲା ଆଉ ଚୌତରା ଉପରେ ଠିଆ ହେଲା
ରେଲିଂକୁ ଖଟ୍ ଖଟ୍ କରି ସିଏ ଡାକିଲା
ଆଉ ନିଜର ବାସନବାଲା ହାତକୁ ଉଠାଇଲା
ମୁଁ କହିଲି ଆରେ, ପୁଣି ବଳ କମିଗଲା
ସିଏ ମୋଠୁ ବଡ଼ ଥିଲା, ସେହି ସ୍କୁଲରେ ପଢୁଥିଲା
କିଛି ବର୍ଷ ଆଗରୁ ଶୁଣିଥିଲି ଯେ ସିଏ
କୁଆଡ଼େ ଚାଲି ଯାଇଛି
ଆଜି ତାକୁ ଦେଖିକରି ମନରେ ପ୍ରଥମ ଖିଆଲ
ଏହା ଆସିଲା ଯେ
ମୋତେ ଲାଜ ଲାଗୁଛି
ଆଉ ତାକୁ ଲାଗିବ ମୋତେ ଚିହ୍ନିଯିବା ପରେ
ସତେ ଯେମିତି କିଏ ପଚାରିଲା
ତୁମେ କିଏ ସେ
ଆଉ ସିଏ ଠିକ୍ ସେହି ଦେବଦତ୍ତ ଘୋଷାଲ
ନାମଟି କହିଦେଲା
ତା'ପରେ ମୁଁ ପଚାରିଲି ମୋତେ ଚିହ୍ନୁଛ
ଆଉ ସିଏ ମୋତେ କହିଲା
ତୁମେ ସହାୟଙ୍କ ପୁଅ ତ
ତୁମେ ଛୋଟଥିଲ ଯେତେବେଳେ ତାଙ୍କ ସହିତ
ସ୍କୁଲକୁ ଆସୁଥିଲ
ମୋର ମନେ ଅଛି ଯେ ଏହା ଶୁଣି କରି

ମୁଁ ଚମକି ପଡ଼ିଲି
ତା'ର ଆମ ଦୁହିଁଙ୍କ କଥା ମନେ ଥିଲା
ନିଜ ଶିକ୍ଷକଙ୍କର
ଏବଂ ତାଙ୍କ ପୁତ୍ରର
ଜଣକୁ ଆଦର ଏବଂ ଅନ୍ୟ ଜଣକୁ
ସିଏ ସ୍ନେହ ଦେଉଥିଲା
ଆଉ ଏହି ଦୁଇଟିଯାକ କାମ
ରହିଯାଇଥିଲା ତା' ଜୀବନରେ
ଦୁର୍ବିପାକ ପରେ

ସିଏ କହିଥିଲା
(ସତେ ଯେମିତି ବାସନ ବଜେଇ କରି) ଏହି କଥା
ମୁଁ ହୁଏତ ପାଗଳ ହୁଏତ ପାଗଳ ନୁହେଁ
ମୁଁ ପୁଣି ପଚାରିଲି
ତୁମେ କାହିଁକି ପଢ଼ାପଢ଼ି ଛାଡ଼ି ଦେଲ
ସିଏ କିଛି ବୁଝି ପାରିଲାନି
ଖାଲି କହିଲା ମୁଁ ଏବେ ପଢୁନି
ଲୋକମାନେ କହୁଛନ୍ତି ତୁମ ଦ୍ୱାରା ହେବନି
ଯାଅ କିଛି ଆଣି କରି ଦିଅ

ଏହା କହି କରି ସିଏ ମୋର ପ୍ରଶ୍ନ ପଚାରିବାର
ଗର୍ବକୁ ଭାଙ୍ଗି ଦେଲା
ଆମେ ଦୁହେଁ ତ ଦୁନିଆ ସହିତ
ସମ୍ପର୍କ ଯୋଡ଼ି ଥିଲେ
ଏବଂ ଦେବଦତ୍ତଙ୍କୁ ତଡ଼ି ଦେଇଥିଲେ
କିନ୍ତୁ ସିଏ ଦୁନିଆକୁ ଛାଡ଼ିକରି ଆସିବା ପାଇଁ
ରେଲିଂଗର ବାହାରୁ ଆମକୁ ଡାକିଲା
ମୁଁ କିଛି କହି ପାରିଲିନି
ସିଧା ପିତାଙ୍କ ପାଖକୁ ଯାଇ କରି

ସିଏ ପଚାରିଲା
ସେହି ଯେଉଁ ଦେବଦତ୍ତ ଥିଲା
ସିଏ କ'ଣ ଏବେ ପାଗଳ ହୋଇଯାଇଛି ବୋଲି
ଆପଣ ଜାଣିଛନ୍ତି ?
ଆଉ ସିଏ କହିଲେ ହଁ, ବହୁତ ଗୁଣୀ ପିଲା ଥିଲା,
ଆସିଛି କି ?
ତାକୁ ଖାଇବା ପାଇଁ ଦେବ,
ତା'ର କେହି ନାହାନ୍ତି,
ଖାଲି ଅଛନ୍ତି ଜଣେ ବୁଢ଼ା ବାପା
ଗୋଟେ ପରେ ଗୋଟେ ବିପଦ ଆସିଲା,
ଘର ନଷ୍ଟ ହୋଇଗଲା

ମୁଁ ବୈଠକ ଘରକୁ ଫେରିଲି
ଦି'ଖଣ୍ଡ ରୁଟିଇ ଆଣିଥିଲି
ଘର ଭିତରକୁ ଡାକି ଆଣି ପରଷି ଦେଲି
ସିଏ ଉଠାଇନେଲା ପରଷା ଯାଇଥିବା ଖାଦ୍ୟକୁ
ଏବଂ ରଖିଦେଲା ନିଜ ବୁଢ଼ା ବାପାଙ୍କ ପାଇଁ
ଆଉ ସିଏ ଚାଲିଗଲା
ଆଦରର ସହିତ ଝୁଙ୍କି ପଡ଼ି ପ୍ରଣାମ କରି
ଯାହା ସିଏ ଏବେ ଶିଖିଥିଲା
ଯିବାବେଳେ ଆମକୁ ଠେଲିଦେଇ ଛାଡ଼ି ଦେଲା
ଯେଉଁଠି ଆମେ ପ୍ରଥମେ ଥିଲୁ

ସନ୍ତୁଳିତ ଲୋକମାନଙ୍କର ଏହା ହିଁ ଅସହାୟତା
ସେମାନଙ୍କ ଉପରେ ବିଶ୍ୱାସ କରନ୍ତିନି ପାଗଳମାନେ ।

■

ଅନ୍ନର ରସ

ଖାଇବା ଆଗରୁ କୃତଜ୍ଞ ହେଉଛି ମୁଁ
ଖାଇବା ପରେ ବି
କେଉଁଠୁ ଆସିଯାଉଛ ନେବାକୁ ଶ୍ରେୟ
ପ୍ରତ୍ୟେକ ଥର
ଈଶ୍ୱର

ତୁମେ କ'ଣ ଜାଣିନ
ଯେ ଅନ୍ନ ଯାହା ତୁମେ ଉପୁଯାଇଛ
ସେଥିରେ ଅଛି ଗୋଟିଏ ରସ
ଯାହା କେବଳ ମୁଁ ଜାଣିଛି ?

■

ରୋଗ

ରୋଗ ପୁଣି ଫୁଟି ଉଠେ ଦେହରେ
ଧାଁ-ଧଉଡ଼ ପାଇଁ କାହାର ବେଳ ଅଛି
ରୋକି ଯାଇ ଉପଚାର କର ନିଜର
ମୁଁ ମାନି ନେଉଛି ଯେ ରୋଗ
ସଭିଙ୍କ ସହିତ ଯୋଡ଼ି ଦିଏ
ଏହି ଅନୁଭବ ଆସିଛି
କାମରେ ମଗ୍ନ ହୋଇ
ନିଜ ଦୁଃକ ସମସ୍ତଙ୍କ ପାଖରୁ ଲୁଚାଇ ନେବାରୁ

ଏକାନ୍ତ ଜୀବନ ଯେମିତି ଦେଉଛି ଏହି ଅନୁଭବ
ରୋଗ ସେତେବେଳେ କେଉଁଠି ରହିଯାଉଛି
ଯଦି ସିଏ ଅଛି ।

■

ଭେଟ

କେତେ ଥର ଇଚ୍ଛା କରିଛି ଯେ ନିଜ ସ୍ୱଭାବକୁ
ଛାଡ଼ି କରି
ଦେଖା ହେଉଥିବା ପ୍ରତ୍ୟେକଟି ଲୋକ ସହିତ
ମିଳାମିଶା କରିବିନି
ବରଂ କିଛି ଗାମ୍ଭିର୍ଯ୍ୟତା ରଖି ରହିବି ଦୂରରେ
ଅଳ୍ପ ସମୟ ପରେ ଏହା କଷ୍ଟକର ହୋଇଗଲା
ଆଉ ମୁଁ ତାକୁ ନିଜ ହୃଦୟର ବ୍ୟଥା କହିବାକୁ ଲାଗିଲି
ତାହା ଖାଲି ମୋର ନୁହେଁ, ଥିଲା ସମାଜର ବ୍ୟଥା
ସିଏ ଶୁଣିବାରେ ଲାଗିଲା ଆଉ ଘଟିଲା ଗୋଟିଏ ଘଟଣା
ସିଏ ହୁଏତ ବହୁତ ବିଚଳିତ ହେଲା
ଏତେ ବେଶି ଯେ ମୁଁ ଯେତେ ଆରାମରେ କହୁଥିଲି
ତାକୁ ତାହା କେଉଁଠି ନା କେଉଁଠି
ଚତୁରତା ବୋଲି ମନେ ହେଲା
ପୁଣି ସିଏ ଯାହା କହିଲା ତାକୁ ମୁଁ
ଅନୁଭବ କଲି ଯେ ତାହା
ମୋର ମିଛ ପ୍ରଶଂସା ଥିଲା
ଏମିତି ଭାବରେ ସେହି ଭେଟ ଶେଷ ହେଲା
ଯଦିଓ ମୁଁ ନିଷ୍କପଟ ହୃଦୟରେ
ଖୋଲି କରି ତା ସହିତ ଭେଟି ଥିଲି ।

■

ଖୁସୀ

ନା, ଭୟରୁ ମୁକ୍ତିର ଆବଶ୍ୟକତା ନାହିଁ
ଯଦି ନିର୍ଭୟ ହେବାକୁ ଅଛି

ମୁକ୍ତି ଏକ ମିଥ୍ୟା
ବହୁତ ବଡ଼ ହୋଇଗଲାଣି ମୋର ଏହି ପୀଡ଼ା
ଏହାକୁ କହିବାକୁ ଅଛି
ଏହାର ଅଚଳତାରେ ହଜିଯିବା ଆଗରୁ

ତିରିଶ ଜଣ ଥିଲେ ଶ୍ରୋତା
କିନ୍ତୁ କେତେ ଏକାକୀ ମୁଁ କବିତା ପଢ଼ିଲି
ତାହା ମୋର ବିପର୍ଯ୍ୟସ୍ତ ଭଙ୍ଗାରୁଜା କବିତା
ଏକାଠି କରି ପାରିଲାନି ତିରିଶ ଜଣ ଶ୍ରୋତାଙ୍କୁ
ମୋତେ ଏକାକୀ କରି ଚାଲିଗଲା
ଆଉ ଏହା କହି କରି ଗଲା
ଯେ କେତେ ଅସମ୍ପୂର୍ଣ୍ଣ ମୁଁ
ଏକାକୀ

ତାହା କେଉଁ ଖୁସୀ
ଯାହାକୁ ଯଦି କହିଦେବି
ମିଳିଯିବ ପୀଡ଼ାର ଠିକଣା ?

ସ୍ୱଚ୍ଛନ୍ଦ ଲେଖକ

ଲୋକମାନେ ଭୁଲି ଯାଆନ୍ତି
ଆତଙ୍କ ଯାହା ଲେଖି ଗଲି
କୌଣସି ପୁସ୍ତକରେ

ଲୋକମାନେ ଭୁଲି ଯାଆନ୍ତି
ସହିଥିଲି ଯାତନା
ଯାହା ଆପଣା ଭିତରେ

ଅତ୍ୟାଚାରୀର ମୁହଁ
ଲୋକମାନେ ଭୁଲି ଯାଆନ୍ତି
ତା'ର ମୃଦୁ ହସ ପରେ

ମନେ ରହି ଯାଏ
ସେବେ କେମିତି ହସୁଥିଲେ
ପିଲାଏ ଘରକୁ ଫେରିବା ପରେ

ପାଞ୍ଚ ବର୍ଷ ବହୁତ ବର୍ଷ
ହୁଅନ୍ତି ଗୋଟିଏ ଦାସ
ଆହୁରି ଗରିବ ଦେଶରେ

ଏତିକିରେ ଚାଲି ଯାଇଥିବା

ବେଳ ଫେରିଆସେ
ଗୋଟିଏ ନୂଆ ବେଶରେ

ହତ୍ୟା ଦୁର୍ବଳର
ସିଧାସଳଖ ହତ୍ୟା
ଗାଁ ଗାଁରେ ହୋଇଥାଏ

କେହି କାନ୍ଦେନି
ହଁ, ମାରିଦିଆ ଯାଇ ନ ଥିଲେ
ତେବେ ବିଧବା କାନ୍ଦେ

ପଢ଼ା-ଲେଖା ଲୋକମାନଙ୍କର
ଯେବେ ଚିତ୍ତବିନୋଦନ କରେ
ଅନ୍ୟ କାହାର ରକ୍ତ

କରନ୍ତି ଆକ୍ରମଣ
ନିରକ୍ଷର ନିରସ୍ତ୍ର ଉପରେ
ଦମନ ନୂଆ ଯୁଗର

ଆଜି ମୌନ ହୋଇ ଦେଖୁଛୁ
ଯାଉଛି ଶାସକ
ହିଂସାର ରାସ୍ତାରେ

କାଲିଯାଏଁ ଯିଏ ବ୍ୟାକୁଳ ଥିଲେ
କେବଳ କଥା କହିବାର
ସ୍ୱାଧୀନତା ପାଇଁ

ଶୃଙ୍ଖଳା ମାଟି ଉପରେ ସେମାନେ
ଭୋକିଲାଙ୍କ ଦାବୀକୁ

ବାଣୀ ଦିଅନ୍ତି

ଦିଅନ୍ତି ଅସ୍ତ୍ର
ଶାସକ ଗରିବମାନଙ୍କୁ
ପାଣି ଦିଅନ୍ତି

ଦୁହେଁ ମିଶିକରି ଏମିତି
ନୂଆ ଦମନ ଚକ୍ର
ପ୍ରେମର ସହିତ ଚଳାନ୍ତି

ଯାହାକୁ ମାରିଦିଆ ଗଲା
ତା'ର ବି କିଛି କହିବାକୁ ଥିଲା
ଲୋକମାନେ ଭୁଲିଯାଆନ୍ତି

ସେହି କହିବା କଥା କୁଆଡ଼େ ଗଲା ?
ତା ଉପରେ ବନ୍ଧୁକ
ଲଗାଇଛି ପ୍ରତିବନ୍ଧ

କଲମ ନେଇ ବସିଛ
ଶବ୍ଦର ଅନ୍ୱେଷଣରେ
ସ୍ୱଚ୍ଛନ୍ଦ ଲେଖକ ।

■

ସ୍ୱାଧୀନତା

ଚାରି ଦିଗରୁ ଚାରି ଦିଗ ଆଡ଼େ
ଉଜୁଡ଼ା ଘର ଛାଡ଼ି କରି
ଅନ୍ୟ ଉଜୁଡ଼ାଠ୍ୱକୁ ଯାଉଛନ୍ତି ଲୋକେ
କ୍ଷୁଧା ଓ ଅପମାନର ଧକ୍କା ଖାଇ କରି

ଇତିହାସ, ପୀଡ଼ାର ଇତିହାସ ସେମାନଙ୍କୁ ବତାଉଛି
ଏହି ଭୂମି ଏଠୁ ସେଠାଯାଏଁ ସଂଯୁକ୍ତ
ତାହା ସେମାନଙ୍କର ଘର ନୁହେଁ
ସେମାନଙ୍କ ପିଲାମାନେ ହିଁ ସେମାନଙ୍କର ଘର

ବହୁତ ବଡ଼ ଦେଶରେ ବହୁତ ମଣିଷମାନଙ୍କର ପୀଡ଼ାଗୁଡ଼ିକ
ଯଦି ତାଙ୍କୁ ବଡ଼ କରୁନି ତେବେ ଭୂମିକୁ
ତାହାର ହତ୍ୟାକାରୀମାନେ ଛୋଟ କରି ଦେଉଛନ୍ତି
ବିକି ଦେଇ ବିଦେଶକୁ ପଠେଇବା ପାଇଁ

ଏହି ପାହାଡ଼, ଜଙ୍ଗଲ, ମାଟିର ସବୁଜ ପ୍ରାଙ୍ଗଣ
ଛୋଟ ହେଉଛନ୍ତି ଯାହା ଇତିହାସରେ ଥିଲା
ବଡ଼ ଦେଶର ପ୍ରମାଣ
ଏମାନଙ୍କ ବିଶାଳତାର କୌଣସି ଗୁଣମାନ
ଏବେ ଶୁଣା ଯାଉନି
ଦେଶର ବଡ଼ ଦେଶ ହେବାର ଗୌରବ

ଏବେ ବ୍ୟକ୍ତିର ବିଦେଶରେ ପ୍ରତିଷ୍ଠା ବଢ଼ାଉଛି
ଦେଶରେ ବର୍ବରତା
ହତ୍ୟା, ହାଣକାଟ, ରକ୍ତ ଏବଂ ମଳିନତା
ଆଜି ହେଉଛି ଭାରତୀୟ ସଂସ୍କୃତିର ମୂଲ୍ୟ
ଆଉ ଦୟା କରୁଛନ୍ତି ଲୋକମାନେ
ଏହା ମାନି କରି ଯେ କଷ୍ଟ ଅନିବାର୍ଯ୍ୟ
ଦୟାର ପାତ୍ର ପାଇଁ:

ଲୁଟ୍ ଜମିକୁ ଭିତରଯାଏଁ ମାଟିକୁ ଭାଙ୍ଗି ଦେଇଛି
ସେଠି କୋଉଠି ଗୋଟିଏ ବୀଜ ଥିଲା
ତାକୁ ଉଠାଇନେବା ନିଜ ହାତରେ
ଆଉ ସେହି ମାଟିକୁ ବି:
ଆମେ ନିଜ ଭୂଗୋଳ ବି ଭୁଲି ଗଲୁଣି
ପ୍ରତ୍ୟେକ ହତ୍ୟା ଆମଠୁ କିଛି ଦୂରରେ ହେବାର ଦେଖାଯାଉଛି
ଯଦିଓ ତାହା ଆମର ବହୁତ ପାଖରେ ହୋଇଛି
ହତ୍ୟାଗୁଡ଼ିକ କଥା ମନେ ରହେ
ମନେ ରହେନି ଶବଗୁଡ଼ିକର ଚେହେରା
ସେମାନଙ୍କର ଜୀବନ୍ତ ଚିତ୍ର କମ୍ ଛପା ଯାଇଥିଲା
ସେହି ରୂପବାନ ଚେହେରା ବାରମ୍ବାର ଦେଖାଯାଏ
ଯିଏ ଶବ ପାଖରେ ଅବଶୋଷରେ ଠିଆ ହୋଇଥିଲା
ଦିନ ପରେ ଦିନ ବିତିବା ପରେ ଆମେ ଜାଣିଯାଉ
ତାହା ଆମର ଚେହେରା ନୁହେଁ

ଆଜି ଏହି କଫିନଢ଼ଙ୍କା ଚେହେରା ଗୁଡ଼ିକ
ଏକାସାଙ୍ଗରେ ରହିବାର ଅବଶିଷ୍ଟ କିଛି ପ୍ରମାଣ
ଆଉ ଏମାନଙ୍କୁ ଯିଏ ମନେରଖି ପାରନ୍ତିନି
ସେମାନେ ହିଁ ସମାଜ ଉପରେ ରାଜୁତି କରୁଛନ୍ତି
ଚେହେରାବିହୀନ ଲୋକମାନେ
କାଲି ଅନ୍ୟ କୌଣସି ବଡ଼ ଦେଶର ଦାସ ହୋଇଯିବେ।

ଆମେ ଖୋଜିବାରେ ଲାଗି ରହିବା ନିଜ ଚେହେରା
ଧ୍ୱଂସ ସ୍ତୂପ ଭିତରେ
-ସ୍ୱାଧୀନତା !

BLACK EAGLE BOOKS

www.blackeaglebooks.org
info@blackeaglebooks.org

Black Eagle Books, an independent publisher, was founded as a nonprofit organization in April, 2019. It is our mission to connect and engage the Indian diaspora and the world at large with the best of works of world literature published on a collaborative platform, with special emphasis on foregrounding Contemporary Classics and New Writing.

www.ingramcontent.com/pod-product-compliance
Lightning Source LLC
Chambersburg PA
CBHW060614080526
44585CB00013B/826
* 9 7 8 1 6 4 5 6 0 6 0 9 3 *